マネジメントへの挑戦【復刻版】

一倉 定

まえがき

「ユニクロ」を展開するファーストリテイリング会長兼社長の柳井正氏の書棚には、一倉定の書籍が並んでいるという。一倉の指導を受けたり、直接ではなくても書物を通してその思想に学んできた経営者は数多い。

一倉定は、一九九九年に八〇歳で逝去した経営コンサルタントである。六三年にコンサルタント稼業を始め、三五年間、日本中をくまなく行脚。大中小1万社の社長を、まるで小学生をしかりつけるように厳しく指導し、「社長の教祖」と称された。

なぜ、多くの社長の支持を集めたのか。

一倉の謦咳に接した社長たちにその理由を尋ねると、「後にも先にも、あれほど強烈に『社長の生き方』を指し示した人はいない」と口をそろえる。

本書は、そんな一倉の活動初期に書かれたものだ。技報堂(現・技報堂出版)からの初版は昭和四〇年(一九六五年)。今から五五年前のことである。しかし、本書に書かれた内容は今なお光芒を放つものであることは、少し読み進めてもらうとすぐに分かるだろう。

マネジメントへの「挑戦」という、まさに挑戦的な言葉を一倉が使ったのは、当時の経営に対する憤りからである。

机上の経営論に終始し、血の通う人間に立脚していない会社がいかに多いか。外面ばかりの経営論を追い払い、経営計画から組織管理、財務管理、従業員教育に至るまでのマネジメント全般を、現実に沿う姿に巻き直している。

残念ながら、この一倉の挑戦は五五年の歳月がたった今も完遂されていない。わずかな環境変化に翻弄される弱々しい会社がいまだ多く存在し、そこに襲いかかったコロナショックに大きく揺さぶられている。ニューノーマル（新常態）の世界を構築するには、我々はマネジメントの源流に立ち戻り、そこから未来を探し出すべきだろう。それが本書復刻の狙いである。

「社長の役割は何か」「マネジメントとは何か」という、経営の大命題を一貫して追い続けた一倉の教えは、すでに一倉の書物に触れてきた世代だけでなく、これから新しい世界をつくっていく若い世代にもぜひ読んでもらいたい。根性論に思える部分もあるだろうが、そうした点を含めて、私たちの社会、会社のあり方を議論するきっかけになる。

巻末には、一倉の御子息・息女より寄稿をいただいた。鬼の形相で、赤字会社を立て直した「鬼倉」の素顔がそこには垣間見える。滋味あふれるその人間性こそが多くの社長の心をつかみ、多くの赤字会社を復活させた根源だったのだと理解できる。

日経トップリーダー編集部

復刻に寄せて

ドラッカー学会理事　佐藤等

「早いもので、私が経営コンサルタントになってから、もう一〇年以上になる。この間、たくさんの社長と知り合い、事業経営に関する数多くの勉強をさせていただいた」

一倉マネジメントの金字塔とも言うべき、一九七五年に刊行が始まった『一倉定の社長学シリーズ』（日本経営合理化協会）第一巻の冒頭の文章です。多くの社長との邂逅と現場での経験が結実した「社長学」は、体系化された実学として、その存在感の大きさに驚かされます。

本書『マネジメントへの挑戦』の初版は、そんな一倉先生が経営コンサルタントとして活躍を始めた頃、一九六五年に刊行されたものです。読むと、氏の知識吸収に対する満々たる情熱の一端を垣間見ることができます。

「一倉先生の言葉とドラッカーの言葉は同じだ」。私より年齢が上の複数の経営者から何度か聞かされた言葉でした。私は世代の違いもあり、一倉先生から直接学ぶことはありませんでしたが、右の言葉が鮮明に残っていました。ただ、その社長たちはドラッカーの著作を読んだこともないし、一倉先生から「ドラッカーが言っていた」とはついぞ聞いたことがないというのです。

今般、本書を読んだとき、謎は解けました。

ここには、たびたびドラッカーの言葉が引用されており、後に一倉先生の社長学の体系の背骨になったことが分かります。引用の多くは、「マネジメントが発明」された書といわれているドラッカーの『現代の経営』(一九五四)からであり、一倉先生は、本格的なマネジメントを日本の中小企業にも導入する必要を強く感じたことがうかがわれます。

その後、中小企業の現場を東奔西走し、社長学シリーズとして結実した頃には、ドラッカーのマネジメントなどの実践的な知識を自家薬籠中の物としていたのです。

「これは挑戦の書であり、反逆の書である。ドロドロによごれた現実のなかで、汗と油とドロにまみれながら、真実を求めて苦しみもがいてきた一個の人間の、〝きれい事のマネジメント論〟への抗議なのである」「本書にもられている一つ一つの主張や見解は、事実と私の経験に基づいたものであり、新しいマネジメント論への脱皮と革新への一里塚として役だつことを念願しているものである」――。「序にかえて」から一倉先生の決然たる意志が伝わってきます。

本書は、社長学シリーズに学んだ多くの経営者ばかりでなく、新たにマネジメントを学ぼうとする方にも手に取ってほしいと思います。人間に始まり、人間に終わる行動指針としてのマネジメントを目指した一倉マネジメントが実感できると確信しています。

（注）本書の初版は一九六五年十月十日発行の『マネジメントへの挑戦』（技報堂）である。企業の社名や売上高などの数字は初版時のものである。参考までに貨幣価値は、当時の1円が現代の約4円の価値に相当する。また、読み進める上で補足が必要と思われる部分は各章ごとに注釈を付けた。その他、文意を変えない範囲で一部表記を変えた箇所もある。現代においては差別的とみられる表現などは削除・修正した。

マネジメントへの挑戦

目次

序にかえて

これは挑戦の書であり、反逆の書である。ドロドロによごれた現実のなかで、汗と油とドロにまみれながら、真実を求めて苦しみもがいてきた一個の人間の、〝きれい事のマネジメント論〟への抗議なのである。

何も知らない一個の人間が、けんめいにマネジメントを学び、これを実務のうえに具現しようとした。しかし、マネジメント論に忠実であろうとすればするほど、現実との遊離が大きくなっていくのである。

それは、マネジメント論への理解がたりないからだと、みずから反省しつつ、本を読み、考え、先輩に教えを乞うた。けれども、どうしてもいい結果はえられなかったのである。

迷いと苦もんのうちに、多くのすぐれた事例や失敗の教訓、そして自分の経験を通じて、だんだんにわかってきたことは、いい結果をえた考え方や、やり方は、従来の学問的な、あまりにも学問的なマネジメント論とは、かなりちがうものである、ということである。

こうなると、マネジメント論そのものに疑いの目を向けだすのは当然なことである。

われわれの対決しているものは、現実であって理論ではないのだ。マネジメントの理論は、現実のためにあるのであって、現実が理論のためにあるのではない。

それにもかかわらず、従来のマネジメント論は、理論としては、りっぱであっても、現実に対処したときには、あまりにも無力である。現実に役だたぬ理論遊戯にしかすぎないのである。現実は生きているのだ。そして、たえず動き、成長する。……打てば響き、切れば血がでるのだ。

生きるための真剣勝負に、きれい事の公式論や観念論は通用しないのだ。タタミの上の水練では、水にはいっておぼれる。

自分で水にはいったこともない。おぼれた経験もない者が、果たしてマネジメントを云々する資格があるだろうか。それらの人々のマネジメント論は、たんなる水上歩行論にしかすぎず、実践には役だたぬものである。

そこにあるものは、空理空論であり、切っても血を噴かぬ死物である。その死物からでる毒が、われわれの精神をむしばみ、堕落させていく。

知識技術のみにおぼれ、枝葉末節のテクニックはもっともらしい。しかし、かんじんな精神を忘れ、魂ははいっていない。

マネジメントは、人間の行動の一つの指針である。人間に始まり、人間に終わる。従来のマネジメント論はその人間を忘れているのだ。いったい、なんのためのマネジメントなのだろうか。

これからのマネジメントは、しっかりと目標を見つめ、夢と希望をもちながら、きびしい現実に対処し、みにくさ、矛盾、混乱、その他いろいろの障害をのりこえていく勇気と知恵をあたえてくれるものでなければならないのだ。当然、人間臭紛々たるものであり、それがほんとうであると私は思う。

本書にもられている一つ一つの主張や見解は、事実と私の経験に基づいたものであり、新しいマネジメント論への脱皮と革新への一里塚として役だつことを念願しているものである。

1章

計画は本来机上論である

1・1 計画とは何か

「計画はマネジメントの基本である」、「計画性がないからダメだ」……など、われわれは、あけても暮れても計画ということばを耳にし、口にさけび、本で読まされている。なるほど、計画のたいせつなことはわかった。われわれも計画をたてましょう、ということになる。……

では、いったい計画とは何か、どういうことが計画なのか、ということになると、明快な定義をくだす人は意外に少ない。あまりに身近なことばすぎて、かえってわからないのである。意味もわからずにふり回しているのであるから、おかしな話である。計画とはどういうことであるかがわからずに、計画をたてることはできないはずである。

そこで、まず、われわれは計画の定義づけからはいる必要がある。

計画とは、

『将来に関する現在の決定』(ドラッカー)である。

くだいていえば、「将来のことを、あらかじめきめること」である。

いってしまえば「コロンブスの卵」みたいなものである。なんとあたりまえのことではないか。

しかし、この定義には、よく考えてみると意味深長なものがあり、その意味を理解することにより、計画に対するわれわれの態度がハッキリときまるのである。

それは、「あらかじめきめてしまう」のであるから、当然のこととして「そのとおり実施する」という考え方が導きだされてくるのである。このことをシッカリと認識していないと、マネジメントは混乱するばかりである。事実、このことを認識していないための混乱を筆者はイヤというほど見せつけられているのである。

「予定は未定にして決定にあらず」とか、「計画はしばしば変更することあり」というようなことは、皮肉としては通用しても、正しい態度ではないのである。

このような態度は、本質的には「予想」である。「今年のプロ野球は、どこが優勝するだろう」、「こんどの日本ダービーは……」という類である。

予想は、第三者が他人のやることを予め想うのであるから、当たろうが、はずれようが、そのとおりいかなくとも、結果に対して責任をもつ必要はない。

しかし、計画にはそんな無責任な態度はゆるされない。あくまでも「そのとおりやる」という責任がある。この責任感が計画のまず第一の要件である。

つぎに、「そのとおり実施する」のであるから、計画以上でも、以下でもいけない。計画より早くても遅くてもいけないのである。どこまでも、〝計画どおり〟というのが正しい態度なのだ。「東京オリンピックは一九六四年一〇月一〇日から開始する」と、将来のことをあらかじめ、きめてしまうのである。

だから、「何がなんでも、きめられた日から開始する」ために、がむしゃらな努力がはらわれ、突貫工事が進められたのである。

準備が遅れているからといって、開催期日を遅らせることもできなければ、準備が早くできたからといって、開催期日を早めることもできないのである。計画とはそういうものなのだ。このきびしい態度が絶対に必要なのである。

電車の時刻表は計画である。電車はこれより速く走らせても、遅れてもいけないのである。予定より早く駅についたときは、定刻まで発車を待つことは、だれでもよく知っている。

「計画以上ならいいだろう」という考え方はまちがいであることが、わかっていただけると思う。

「来月は忙しくなるから、今月は計画以上やる」というのは、もっともらしく聞こえて、じつはまちがった考え方なのである。来月忙しかろうとヒマだろうと、今月は今月の計画どおりやればいいのである。

来月忙しくなる、ということがわかっているのなら、それに応じるように、今月の計画数をふやして、そのとおり実施するのである。

電車をスピードアップしたければ、スピードアップした時刻表に組みかえて、そのとおり運行するのと同じである。

計画原価を守ればいいのであって、計画以上安くする必要はない。原価を切り下げたいなら、計画原価そのものを下げて、そのとおり実施するのである。

品質管理は品質をよくする活動ではない。計画された品質どおりのものをつくる活動である。品質をよくしたいなら、どのようによくした品質にするのかを計画し、そのとおりに実現させるようにつとめるのである。

格別の努力をしなくとも実現できるような、低い水準の計画をたてて、これを突破したからといって自慢するのはおかしい。高い水準の計画をたてて、そのとおり実現させることこそ、真の誇りなのである。死にものぐるいの努力をしなければ「そのとおりやる」ことができないような計画こそ、ほんとうの計画なのである。

1・2 〝これだけ主義〟と〝できるだけ主義〟

できるだけ増産する、できるだけ原価を下げる、できるだけよい品質のものをつくる、という考え方を**〝できるだけ主義〟**という。

最大限の努力をはらうということが、〝できるだけ〟という表現になるのであるから、気持ちとしてはまことに結構である。しかし、困ることがある。それは、〝できるだけ〟というのはどれだけなのか、だれもわからない。一つやっても、三つやってもできるだけやった結果だといえばそれまでである。「大至急やる」というのは、〝できるだけ〟主義である。しかし、大至急というのは、いつまでにやれば大至急なのか、だれもわからないのである。

このように、できるだけ主義には基準がなく、したがって評価のしようがない。客観的評価をおそれる憶病者の旗印としては、これほどいいものはない。見かけはすごくりっぱだからだ。無責任居士の、その場のがれのセリフとしては、もってこいである。「できるだけやってみます」というのは、いかにも責任をもって仕事をするように聞こえるからである。

その結果うまくいかなくても、「できるだけやったけれど……」で事がすむ。

計画は〝できるだけ主義〟ではいけない。「いつまでに完成する」、「これだけ安くする」というように、**〝これだけ主義〟**でなければならないのだ。事前に目標を明示して背水の陣をしき、何がなんでもそれを実現する、という決意と責任をもつことなのだ。

目標がはっきりしているから、実績と比較されて、その成果がハッキリと評価される。〝これだけ主義〟には勇気がいる。〝これだけ主義〟こそ責任あるものの態度なのである。

1・3 計画の基礎の第一は〝生きるため〟

世にいわれている〝計画に具備すべき条件〟とかいうのがある。いわく、

○実現可能なものでなくてはならない
○事実に立脚したものでなくてはならない
○ムリとムダがあってはならない

○科学的なものでなくてはならない
○納得のいくものでなくてはならない

などである。

このような考え方が、ほとんど、なんの疑いももたれず、反論もなく受け入れられているのは不思議な現象である。同時に、おそるべき現象である。

筆者にいわせれば、全部ウソである。全部まちがいである。いや、ウソやまちがいで事がすむのなら、まだ救われる。それは、われわれの魂をむしばむ麻薬であり、会社を毒する考え方なのである。

これらのことばのもつ、もっともらしさは、文字どおりわれわれの心を快く酔わせ、さらに、これを信奉することによって、当然しなければならない努力を、しなくてもすませることができるのであるから、なまけ者にはありがたい。責任のがれの〝かくれ蓑〟なのだから、一度使ってその味を知ったら、もはや絶対に手放せなくなる。麻薬でなくてなんであろうか。なぜこれらが麻薬であり、かくれ蓑にされるのか、これから、そのわけを説明しよう。

いったい、〝実現可能なもの〟とか、〝ムリでないもの〟というようなことは、何を根拠にしているのであろうか。……それは〝過去の実績〟であり、〝過去の理論〟である。それほど過去の実績は間然するところがないくらいりっぱであり、過去の理論は絶対に正しいのであろうか。

過去の実績は、〝不手ぎわと失敗の積み重ね〟であり、過去の理論は、〝いままでにわかったほんのわずかな事がら〟にしかすぎないのである。

このようなものを根拠にした、実現可能なムリのない計画というものが、もっともらしさだけで、そのじつ、いかに権威のないものであるか、思い半ばにすぎるものがある。

いま、かりに、過去の実績がりっぱなものであるとして、それをもとにして、実現可能なムリのない計画をたてるならば、新しい何ものものつけ加えなくとも、計画は実現されることは初めからわかっている。それで、「計画どおりできた」と満足していてよいのだろうか。

過去の実績をもとにしていたら、そこには進歩もなければ、革新も生まれないのである。進歩や革新は過去の実績をのりこえ、過去の理論を否定するところに生まれるのである。すぐれた計画は、こうした過去の実績や事実とは本質的に無関係である。例をあげて説明しよう。

世界の名機〝零戦〟を設計したときのことを考えてみよう。

当時、戦闘機の速度は一七〇ノット程度であった。軍の要求はこれを二〇〇ノット以上にしろというのだ。そして空戦性能を極端に重視し、航続距離三、〇〇〇キロにもってゆけ、という要求である。どれ一つをとってみても、容易なことではない。そのうえ、さらに二〇ミリの機関砲をつけろというのだ。まるでムチャクチャである。

どこに事実に立脚したものがあるか、どこに実現可能な見通しのあるものがあるのか、そんなものは薬にしたくともないのである。あるものは、敵の戦闘機よりもすぐれた性能でなければならない、ということだけであり、〝戦争に勝つ〟という至上命令だけなのだ。

そのむずかしい要求を、われわれの先輩は血の出るような苦心と努力の結果、みごとに果したではないか。〝戦争に勝つ〟ということは、会社でいえば〝競争に勝つ〟ことに通じる。それのみが生き残るたった一つの道なのだ。

生き残ること、すなわち〝生きるため〟、……これが計画の第一の基礎なのである。

いままで原価が一、〇〇〇円かかり、一、二〇〇円で売っていた商品があったとする。ところが、それと同様のものが、他社から九五〇円で売り出されたとしたらどうするか。これは、たんなる仮定ではない。自由競争とはそうしたものなのだ。もしも、それが会社の重要商品であったら、「九五〇円で売ることは、過去の実績からムリである」と、ノホホンとしていられるものかどうか、考えてみるまでもないであろう。どうしても九五〇円またはそれ以下で売って、なおかつ、ひき合うようにしなければならないのである。これが現実である。

このきびしさ、苦しさに耐えぬかなければ、生きられないのだ。

このように、計画とは〝生きるため〟のものであるかぎり、それは、

〇実現不可能にみえ
〇事実に立脚せず
〇ムリがあり
〇非科学的なものであり
〇納得がいかない

ものなのである。計画とは、過去の実績からみたら納得のいかないもの、と納得しなければ

ならないものなのである。

筆者の友人で、某社の製造部長をしている人がいる。

先日、その友人を会社に訪れたところ、かれは本年度の目標として、〝工数三割節減〟をうちだしていた。かれいわく、

「この三割には、べつに科学的根拠はない。こうしなければ、うちの会社は激しい競争に勝って生き残ることはできない、と私が判断したからだ。それ以外に何もない。そして課長たちには、各自どのようにしたらこの目標を達成できるかを考えさせ、計画書を提出させた。私はこの計画書をチェックし、きびしく追及している。とはいっても、これは容易なことではない。合理化は今年はじめて行うのではない。毎年やってきているのだ。各課長の必死の努力にもかかわらず、思うようにはいかない。各課長は、あれはできない、これはダメだ、その理由はコレコレである、と私のところへいってくる。

しかし、私は絶対にこれに耳をかさない。理由を聞けば、もっともなことはわかりきっている。私も人間だ、もっともな理由を聞けば『できないことは仕方がない』といいたくなる。またそうすれば、話のわかる部長だといわれることも知っている。

しかし、私が話のわかる部長になってしまったなら会社はどうなるのだ、工数三割節減どころか、一割もできないだろう。私は心を鬼にして、あくまでも部下に目標達成を要求しなければならないのだ」

まったく頭の下がる思いがした。この友人が製造部長になったのは五年前だった。すると、いままで遅々として進まなかった生産が上昇しだしたのである。そして年を追った加速度的な増産によって、会社はたちまちのうちに業界のトップにおどりだし、昨年はついに長年の会社の夢であった株式の第二部市場に上場されたのである。

この会社の成長が、この製造部長一人のためでないことはいうまでもない。しかしながら、この製造部長の不退転の決意が成長の重要な要因の一つであると思う筆者の考えは、こじつけであろうか。

また、これは別の会社の話である。その会社も、業界ではトップクラスである。先年発表された〝本年度の目標〟を紹介しよう。

1　四割増産（ただし、設備、人員は現状どおり）

2　経費一割節減

というのだ。これもムリの標本みたいな目標である。いずれも〝生きるため〟の至上命令にしたがって決意し、行動しているのである。過去の事実に立脚して行動しているのではないのである。過去の事実に立脚しなければ行動できないやつはアホだ。従来のマネジメント論は、このアホを懸命になってつくろうとしているのである。

1・4 計画の基礎の第二は〝トップの意志〟

東海道新幹線の計画をみよう。

東京―大阪間を三時間（平均時速一七〇キロメートル、最高時速二〇〇キロメートル）で走らせるというのだ。従来は、もっとも速い〝こだま〟が平均時速八六キロメートル、六時間あまりである。いかに飛躍的なスピードであるかは多言を要しないであろう（＊1）。

それだけではない。高速列車の国際水準の最高が、フランスの国鉄、LE MISTRAL号の平均時速一三二・一キロメートル、最高時速一六〇キロメートルに比較しても、いかに画期的なものであるかがわかるのである。

まだある。全長五一八キロメートルを五年という前代未聞の短工期で完成させようというのである。

いったい、どこに事実に立脚したものがあるか。ムリと矛盾とムチャの集積である。

その、ムリと矛盾とムチャをりっぱに実現してしまったのである。そして、「後進国アメリカは、先進国日本の業績を見習うべきである」とアメリカ人自身にいわせたのである。

もしも、過去の事実と実績を積み上げげて、科学的な検討を加えたとしたなら、おそらくは五時間をきるのが精いっぱいであったろう。

いままで六時間以上かかっていたものを、いっきょに半分以下につめることは、技術的大冒険である。だれしもそんな冒険は進んでやりたくはないし、万一のときの責任はとりたくない。安全をみて内輪にするにきまっている。だから、せいぜい五時間をきるくらいがオチであろうというのである。

それを、〝トップの意志〟で〝トップの責任〟において三時間をうちだしたのである。

こうして、トップの意志と責任が明りょうに示されると、あとはどうしたらこれを実現できるか、ということになる。

そのためには、コースはどうするか、平均時速はいくらにするか、それに耐えるためにはレールの幅をどうするか、カーブやコウ配はいくらにすべきか、機関車による一括駆動か電車方式による分散駆動か、その他運行上のコントロールと危険予防など、もろもろの問題を解決しなければならなくなってくる。

これらの事がらを解決するためには、もはや従来の経験にたよっていては、できない相談である。まったく新しい考え方に立脚しなければならないのである。

こうして、従来の常識を破った新機軸が、いくつも生みだされてきたのである。これによって、わが国の科学技術の進歩をどれだけ早めたか、はかりしれないものがある。

たとえば、ATC(自動列車制御装置)、CTC(列車集中制御装置)の開発は、将来の完全無人化装置への発展を約束し、現実には都市交通量を自動的に計算して、信号機を自動操作し、全都市的な調整を行うことが計画され、いま、部分的に東京の銀座地区に設置されて、テストが行われているのである。

それらの技術革新の原動力となっているのは、〝トップの意志〟なのである。

〝トップの意志〟のないところに、いったい何が生まれるというのか、答えは零である。

いま一つ例をあげよう。アメリカの〝月世界有人飛行計画〟である。

この計画は、人類はじまって以来の最大の壮挙である、という説と、わずか二〜三人の人間を、四〇〇億ドル（一四兆四、〇〇〇億円）という巨費を使って、荒れ果てた月の表面に着陸させることになんの意味がある、これこそ〝世界三大バカ〟といわれた、ピラミッド、万里の長城、戦艦大和さえもかすむ人類最大の愚挙である、という二つの見方がある。

どちらの見解が正しいかは別として、この計画にもられている最終目標、すなわち、一九六九〜一九七〇年に有人ロケットを直接月に着陸させるということに、いったい、なんの事実に立脚したものがあるのか、ということである。これこそ典形的な〝机上論〟ではないか。それにもかかわらず、明確に期限をきっているのである。将来のことをあらかじめ、きめてしまっているのだ。

いま、アメリカではこの机上論の実現を、あらゆる科学・技術の粋を集めて、本気で推進しているのである。

ジュール・ベルヌや、H・G・ウェルズの空想科学小説は、いまや現実の問題としてクローズ・アップされてきたのである。

そして、この困難きわまる、未知の世界への挑戦によって、目をみはるような科学技術の飛躍がなされるのは、東海道新幹線の例をみるまでもなく、まちがいないのである。

〝トップの夢〟こそ、革新の推進力なのである。

〝トップの意志〟、〝トップの夢〟に期限をつけて、未知のものに取り組んでいるのだ。期限をきって、それまでに何がなんでも達成しようというのだ。計画とはこういうものなのだ。

経営でもまったく同じことがいえる。

松下電器に例をとってみよう。松下幸之助社長は、昭和三〇年に、第一次五カ年計画を策定した。日本の会社で、はじめて打ちだされた長期計画といわれているものである。

昭和三〇年といえば、前年の不景気の余波いまだおさまらず、という時期である。多くの会社では、目先のことのみに関心をうばわれて、会社の将来どころの話ではない、という状態だったのだ。(＊2)

当時の同社の売上げは半期一〇〇億円であった。これを五年で四倍の年間八〇〇億円にするというのだ。毎年の目標は、

三一年	二八六億円
三二〃	三七〇〃
三三〃	四八〇〃
三四〃	六二〇〃
三五〃	八〇〇〃

と、年率三〇%の急伸長である。

こうした目標が示されると、これを達成するためには、従来のやり方、考え方では絶対に不可能である。ぜんぜん考え方をあらため、覚悟を新たにしなければならないのである。新しい目標に合わせて、各事業部ではみずからの目標をうちたてて、必死の努力を傾けたのである。

結果は、……八〇〇億円の目標は昭和三四年、すなわち四カ年で達成し、五年目にはゆうゆう一、〇〇〇億円を突破したのである。

ソニーが、トランジスター・ラジオを開発したときもそうである。当時アメリカでは、トランジスターは補聴器にしか使われていなかった。ウエスタン・エレクトリック社(*3)では、「ラジオにトランジスターを使うことは会社の命取りになる」と井深社長に警告していたのである。しかし井深社長は敢然として、これを戦略目標としたのである。そして、みごとに成功し、いまや外国では「ソニー」とはトランジスター・ラジオの代名詞のようになっているではないか。さらに、トランジスター・テレビの開発、最近はポータブル・ビデオテープの開発に成功している。まさに開拓精神の権化である。

東洋レーヨンの田代茂樹氏は(*4)、ナイロンを開発して会社を超一流にのしあげた人であるが、最初銀行はこの計画に反対して、融資をこばんだということである。

川崎製鉄の西山弥太郎氏の計画した千葉製鉄所の建設は、当時飛ぶ鳥も落とすといわれた「法皇」日銀総裁一万田尚登氏から、「千葉にペンペン草をはやしてみせる」とまでいわれながら、とうとうやり遂げただけではない。従来の常識を破った数々の新機軸を生みだしているのである。

その他、関西電力の太田垣士郎氏の〝黒四ダム〟の建設、近鉄の佐伯勇氏の大阪―名古屋間の特急――これは伊勢湾台風の大打撃をうけて、全社ぼうぜんとして、なす術をしらなかったときの決定である。……など、枚挙にいとまがない。

すぐれた業績ほど、それが計画され決意されたときは不可能視されているのである。「過去の実績」という尺度では計れないような計画でなければ、革新は生まれないのだ。〝実現可能なもの〟というようなマネジメントのきまり文句など、これらの業績の前には三文の値打もないのである。

1・5 不可能を可能なものに変質させるもの

以上にあげたいくつかの例にみられるように、現実はきびしいのだ。きびしい現実に対処し、会社を発展させるものは、経営者（部門経営者も含む。以下、部門経営者を経営担当者ということにする）の不退転の決意と行動である。

会社の目標や方針は、つねに〝こうしなければ生きられない〟という、死にものぐるいのものであり、そこには〝実現可能なもの〟とか、〝ムリでないもの〟、〝科学的なもの〟というような、きれい事の観念論は通用しないのだ。ムリであろうとなかろうと、やりぬかなければ生きられないのだ。シャニムニやりぬくより仕方がないのだ。

われわれは〝実現可能なもの〟を実現させるのではない。こんなことは、だれにもできる。こんなことをするのなら、経営者も経営担当者もいらない。

会社が〝生きぬくため〟には、不可能なものを可能なものに変質させること以外にないのである。これをやり遂げるために、経営者が必要であり、経営担当者や専門技術者の存在価値があるのだ。

世にいう〝計画に具備すべき条件〟なるものを後生大事に守っていたら、会社をつぶしてしまう。

「できもしない計画をたてても仕方がない」とか、「実施がうまくいかないのは、計画にムリがあったからだ」と、自分の怠慢をタナにあげて、罪を計画になすりつけることを教える〝権威者〟があまりにも多すぎる。

不可能だ、ムリだ、と思いこんだ瞬間から、人間は努力しなくなる。できないことは、やってもムダだからだ。そして、これが努力不足をカバーし、責任をのがれる口実として利用される。これで自己保身ができるのであるから、怠けものにとっては、こんなありがたいことはないのだ。

こうなったら、会社はいったいどうなるというのだ。これは、まったくおそろしいことだ。このようなおそろしい結果をまねくような考え方が、正しい考え方として広く教育され、大手をふってまかり通っているのが現在のすがたなのだ。筆者が、「魂をむしばむ麻薬であり、会社を毒する考え方である」といったことは、いいすぎであろうか。

宇宙ロケットで有名な、東大の糸川英夫教授が、昭和三九年八月五日の読売新聞の夕刊に、「ロケット限界説」という一文をのせている。

その一部をつぎに紹介しよう。

日本の宇宙ロケットがカッパー6型から8型へ、8型から9型へ、9型からラムダへと一段ずつ大きくなるたびに、判で押したように「限界説」が世間に流れた。つまり、一東大でやれるロケットの大きさはここが限界（リミット）だ、という説である。鮮明に記憶に残っている思い出の一つは、はじめてカッパー8型が道川に出現した日である。

過日急逝された科学技術庁航空技術研究所所長（当時）の中西不二夫博士が、その日道川を見学にこられて、カッパー8型をひと目見るなり、「ずいぶん大きくなったね。だが、これが東大でやれる限界だな」といわれた。博士は秀才ぞろいの航空学者のなかでも頭脳明せきで令名の高いかたであったが、その先生にしてこういう印象をもたれたことは銘記に値する。

当時、東大生研グループは、すでに直径七三五ミリメートルのラムダ・ブースターの研究を着々と進めていたのである。宣伝やPRはしなかったけれども。

一九五八年から二年間、外径二四五ミリメートルのカッパー6型ばかり見なれた目には、外径四二五ミリメートルのブースターをもったカッパー8型は、たしかに「巨大」なロケットとしてうつった。

6型から8型になっただけで「東大能力限界説」が出たくらいだから、外径七三五ミリメートルのラムダ・ロケットを公開するときには、「もうこれが東大グループの限界だ」という声のでないほうが不思議だと予想していた。

棒高跳びのバーは一段とあげられるけれども。

果たして、こんどは政界方面からも同様な声が聞かれた。もうここらで「もっと大きな国家的機関」に移すべきだと。

だから、東大グループが一、〇〇〇キロメートル上昇したラムダ3型を公開したときは、外径一・四メートルのブースターをもつミュー・ロケットの計画もいっしょに発表することにした。

あまり科学的ともいえない限界説を封ずるためにである。

ミュー計画もすでに大蔵省から第一次予算の配分をうけ既成事実としている、という情報はラムダにバーの高さをとめる「限界説」論者をとまどわせた。

そこでバーの高さは、こんどは人工衛星計画に上げられた。ミュー・ロケットはよいが、人工衛星はもっと「大きな国家的機関で一元化」して行なうべきだというのである。

それを実証する根拠として、東大グループのいままでに造ったロケットは、誘導制御装置がついていないので、ロケットが人工衛星に必要な速度を出しても軌道に入れられない、というもっともらしい理屈である。ことのついでに、鹿児島県の内之浦に建設された宇宙空間観測所の機能限界説まで現われたのだから念が入っている。

しかし世のなかに、およそ誘導制御技術の研究計画なしに人工衛星うち上げをうんぬんするほど、知能指数の低いエンジニアがいるだろうか。

高校生だって指摘できるこんな問題を考えずに、東大ロケットグループがミュー計画を立てているのだと想像したら、それは東大教授が知能指数のよほど低い低能だと思いこんでいるのだろう。

――中略――

むしろ、誘導制御装置だけを指摘して、これで人工衛星計画が片づくと思っている人のほうがよほど勉強不足である。人工衛星計画には、このほかにゴマンと片づけなければならぬ問題がある。

――中略――

「科学研究の限界をきめることのできるのは科学者自体である」と言明した茅前東大学長（＊5）のことばをよくかみしめたいと思う。

糸川教授は、しつようにくり返される限界説に業をにやしておられるのか、痛烈な論調である。限界説には一理も二理もあることであろう。しかし、その一理も二理もある常識論を、つぎからつぎに破ってゆく糸川教授とそのグループの姿こそ、不可能を可能なものに変貌させてゆく典型の一つであろう。

「科学研究の限界をきめることのできるのは科学者自体である」という茅前東大学長のことばは、その一部をかえて、

「仕事の限界をきめることのできるものは、経営者（あるいは経営担当者、あるいは当事者）自体である」

ということができよう。

不可能を可能なものに変質させるのが人間であると同時に、可能なものを不可能なものに変質させてしまうのも人間である。

1・6 計画の最高峰は経営方針

経営方針は、経営者が自分の会社をこうしたい、こうする、という意志を表現したものである。会社の将来をきめる最高の計画である。

会社のあらゆる活動、そこに働く人々のあらゆる行動は、すべて経営方針に基づくものであり、経営方針に規制されるのがほんとうである。

経営方針のないところ、経営活動はありえない。内部管理も合理化もないのである。

どこへ行くかをきめずに、馬車(会社)を走らせることは意味がないのである。経営方針なくして、会社を経営することはできないのだ。それなのに、なぜ経営方針に対する関心が、世間一般にこうも薄いのか、不思議でならない。

〝方針なき経営〟とは考えただけでもナンセンスである。このナンセンスが、現実に多くの会社の姿なのである。まことに驚くべき現象である。

経営方針そっちのけで、近代的管理技術や手法の導入に、うき身をやつしている会社がいかに多いことであろうか。「デミング賞をもらって倒産」(田辺昇一氏)(＊6)とは作り事ではないのである。ほんとうにあった話なのだ。これではまったくの本末顚倒である。

馬車をどこへもっていくのかもきめずに、馬を調教し、手綱さばきを訓練し、馬車の手入れをしている。いくらこのようなことをしても、馬車の進めようがないではないか。

うちの会社は〝オンリー〟(＊7)だから、といって、一宿一飯の恩義に報いることだけでいいのであろうか。いままでなんとかやってきたのだから、といって、明日も定めぬ旅芸人的経営をしているのではいけないのである。

馬車を整備するまえに、まず馬車をどこへやるのか、目標をはっきりときめるのである。行先がハッキリときまれば、その目標を達成するために馬車をどのように整備し、馬を調教し、人を訓練するか、がきまってくるのである。

たとえ、馬車は多少ガタでも、手綱さばきがヘタであっても、行くべき方向をはっきりと見つめて、わき目もふらずに進めば、着実に目的地に近づくことができるのだ。

馬車そのものは、いかに優秀であっても、行先がきまらなければ進めようもない。行先を誤れば破たんが待ちうけているのみである。

「決定の優秀な非能率会社は、決定のまずい能率会社より優秀である」（ドラッカー）のだ。

世界経済は目まぐるしく変ぼうし、産業界は日に日に競争を激化してゆく。その困難のなかに立って、会社を誤りなく導く指針こそ経営方針なのである。某大企業の一〇〇％下請で、その親会社が倒産したために、従業員一〇〇名で六、〇〇〇万円の重傷を負ってしまった会社がある。これを不可抗力であったといえるだろうか、根本原因はオンリーで満足していた経営方針に重大な誤りがあったからではないか。

経営は環境に順応することによって生きられるものではない。環境をみずからの力で変革することによってのみ、存続できるのだ。これを行うことができるのは、〝経営者の意志〟のみである。

この意志を〝明文化〟したものが経営方針なのである。明文化しないものは、経営方針ではない。〝経営者だけの考え〟にしかすぎない。考えだけでは、いうたびにニュアンスがちがい、下に誤って伝えられることになるおそれが多いからだ。

「ラッパもし定めなき音を出さば、誰か戦の備えなさん」という聖書のことばがある。これではいかなる精鋭も烏合の衆となってしまう。

優秀会社とボロ会社の根本的な違いは、資本でもなければ、設備でもない。技術でもない。

それは経営方針の有無と優劣なのだ。

この実証は、あげるにいとまがない。

この経営方針をうちだすものは、経営者自身であって、他のだれでもない。

「いい連隊とか、悪い連隊はない。あるのは、いい連隊長か悪い連隊長だけである」（ナポレオン）のだ。

会社は経営者によってきまる。部は部長できまり、課は課長しだいである。

経営者というのは、社長だけではない。部長は部の経営者であり、課長は課の経営者なのだ。筆者は管理者ということばはきらいだ。これには、仕事と人を管理する者というイメージが強い。管理者ではなく、部門の経営者なのである。最近、〝経営担当者〟ということばが使われてきた（ドラッカー）のには、意味があるのだ。

世に〝経営書〟とよばれるものが山のようにある。そこに盛られているものが〝経営学〟であるというのであろう。

しかし、それらのものの大部分は、内部管理の技法であって、経営書ではなく〝管理技術書〟なのである。

一部に経営を論じているものはある。けれども、そのほとんどは、観念的な経営論、組織論、技術論などであって、ダイナミックな経営方針については、あまりふれていない。

わが国で、経営方針の重大さを終始さけびつづけている人に、田辺昇一氏がある。同氏の高い見識と、豊富な実戦の経験からほとばしりでる、ダイナミックな経営方針論は、経営学の核心をつくものであると、筆者は固く信じている。

方針なき会社の将来、それは思うだに心の寒くなる心地がする。

われわれは、経営方針について、その重要性の認識をもっともっと深め、関心を高める必要があるのだ。

1・7　計画どおりいかなくとも計画は必要

S県のH市にあるF製作所は、業界でもトップクラスの優秀会社である。F社の納期は判で押したように確実で、得意先の信用は絶大である。

このF社も、はじめからそうなのではない。かつては、遅れ遅れでテンヤワンヤの時代があったのである。ある年のこと、社長は断乎として、この状態を改革し、納期を確保しなければならないと決心した。そして、工程管理制度を導入したのである。

ところが、その結果はみじめなものであった。六カ月で二カ月の遅れをだしてしまったのである。このとき、社長はどう考えたか。

「計画どおりいかないから、計画なんかたててもダメだ」

とは考えなかった。

「なぜ二カ月も遅れたのか、その遅れをなくすにはどうしたらいいか」

と真剣になって考えたのである。

それから三年、必死の努力がつづいた。その努力の結果、かちとった納期なのだ。納期ばかりではない、品質も向上し、生産性も上がったのである。

筆者はその会社へうかがったことがある。いたるところ苦心のあと歴然たるものがあり、独特のくふうが随所にみられるだけでなく、たえまないくふうが、日常の仕事の一部のようになっているのに、賛嘆の声を禁じえなかったのである。

計画どおりに事がいかない場合に、二つの考え方がある。その一つは、

「だから計画をたててもダメだ」

という考え方であり、もう一つは、

「計画どおりいかないのはなぜか、どうしたら計画どおりいくか」

というものだ。

前者は、「障害があるからできない」という消極主義者であり、後者は、「障害をつぶすにはどうしたらいいか」という積極主義者である。

このどちらを選ぶかで、行動は一八〇度ちがってくる。そして結果も。

世の中に障害のない仕事はない。また、その障害をそのまま計算のなかに入れてたてた計画なんて意味がない。そんな計画をたてて「計画を完遂した」と満足するやつはアホだ。

数々の障害を克服して達成するところに生きがいがあり、向上があるのだ。

たとえ、計画どおりいかなくても、計画を放棄したらダメである。あくまでもこれにかじりつき、やりぬく執念がたいせつである。

計画品質が達成できなくとも、あきらめてはいけない。あくまでもねばることである。ねばりぬいたその末には、きっと好結果がえられるのだ。

計画された原価まで、なかなか下がらなくても、あけても暮れても努力していれば、必ず達成できる。

障害をならべたてるのは、できない言いわけのためではなくて、これをつぶすためである。計画を達成するためである。

1・8 作業改善の考え方はまちがい

作業改善の直接の目的は、工数を節減し、あるいは品質を向上し、あるいはより安全な作業をすることであろう。そして、従来の考え方は、

1 現状を調査し
2 これに改善を施し
3 新しい基準をつくる

ということであるらしい。

なるほど、一応はもっともである。しかし、あくまでも一応である。よく考えてみると非常におかしい。

改善を施すというのなら、いったいどれだけ改善せよというのか。一つ改善しても改善であり、十の改善をしても改善である。

一つでいいのかわるいのか。十すればそれ以上は必要があるのか、ないのか、どうもはっきりしない。このへんのところになると、〝改善は永遠にして無限である〟ということで逃げられる。どうも、〝できるだけ改善する〟ということらしい。〝できるだけ主義〟である。

できるだけ改善すればいいのだから、これは主観の問題である。なんともはや、つかみどころのない話である。

いままで一〇〇分かかっていたものを、これからは八〇分でつくらなければやっていけない。というのに、「できるだけ改善に努力しました、その結果、五分工数が節約されて、これからは九五分でできます」でいいのだろうか。

どうしても工数を二〇分節約しなければならない。という切実な要求から、作業改善を行わなければならないのだ。

だから、〝最大の改善〟ではなくて、どうしてもこれだけは絶対に改善しなければならない、という必要〝最少限の改善〟というのがほんとうなのである。

できるだけ改善したところで、生きるために不足ならば、それは当事者の自己満足か言いわけにはなっても、経営的にみたら落第である。ギリギリのところ、これだけはどうしても、ということでなければならないのだ。

だから、当然のこととして、「いつまでに、ここまで」という目標（新基準）がまず第一にくる。そして、現状を調査し、目標とのギャップをあきらかにする。このギャップをつめるのである。であるから、ほんとうの考え方は、

1　目標（新基準）が設定され

2　現状を調査し

3　新基準と現状とのギャップをつめる

という考え方が正しいのである。

従来の考え方は、たんなるテクニックをいっているにすぎないのだ。

このテクニックのみを教えるから、教わったほうは、これを使って、他人のやっていることを改善するんだ、とばかりに、アラさがし然としたことをやるから、現場から猛烈な反対をくらう。当然である、現場のプライドを傷つけるのだから。現場で反対するのは、作業改善に反対するのでなくて、傷つけられた自尊心と名誉のために反対するのだ。

このへんのところは、D・カーネギーの名著『人を動かす』（邦訳は創元社）で、かんで含めるように教えている。

作業改善は、こうしたものではないのだ。経営者から示された目標を達成するために、当事者の責任において、どうしても解決しなければならない懸案……これが作業改善という形をとってあらわれるのだ。当事者に荷が重かったなら、当事者が、生産技術者に援助を求める、と

いうのがほんとうなのだ。これならば現場で反対するもしないもないではないか。

それは理屈だ、とお考えになる読者が、もしもいらっしゃるなら、まず経営者から、あるいは上司から、はっきりと目標を示されているかどうか、を考えていただきたい。おそらく、そうしたものは示されていないであろう。もしも目標を示されていないならば、作業改善を行うことは意味がない。上司が望まないことは、してもかいのないムダな努力である。

世にいわれる〝空気づくり〟そのものは、別に反対するつもりはないけれども、上司の目標なき空気づくりを、いったいどうしてやれというのか。筆者には、ぜんぜんわからないのである。

1・9 売価からコストがきまる

「この商品は、これだけのコストがかかりました。だから、これこれの値段で買ってください」という考え方は、現実には通用しない。通用するのは、現実ばなれの〝原価計算の世界〟だけである。

商品の価格を最終的にきめるのはお客である。たとえ原価がいくらかかろうと、メーカーの家庭の事情はお客には関係がない。お客はあくまでも自分の必要性から価格をきめるのである。

売手市場でもこの原則は変わらない。必要だからこそ、品物が少なければ高くとも買うのである。買う決心をするのは、あくまでもお客である。

ましてや、買手市場のときに、メーカーのコストはお客から一顧だにされない。あくまでもお客の意志によって値段がきまるのだ。とするならば、メーカーはお客がきめた価格で売って、ひき合うようにする以外に道はない。

だから、売価からまず必要な利益をひき、残りがコストということになる。このコストでできなければ消え去るより道はないのだ。

ひき合うためには、どのような設計にするのか、どのような加工法をとるのか、人件費や経費をいくらであげなければならないのか、を考えるより仕方がない。

「原価のことを考えたら設計できない」「どうもお金には弱くて」というような設計屋さんは、これからの企業体では設計技術者としての資格はないのである。

あたえられた原価のワクのなかで、目標の品質とデザインを、どのようにして実現させるかに心血を注がなければならないのだ。これが現実というものだ。

筆者が診断したある会社で、その会社の赤字の原因を、経営者はお得意先からの値下げにある、と考えていた。この会社の赤字の真因は、赤字の原因を値下げされたことにあると思いこんでいる経営者の態度そのものなのである。

1・10 サカダチしている予算統制

「予算がないからダメだ」というのは、お役所のキマリ文句だと思っていたらそうでもない。企業体のなかにも多くみられる現象だ。新しい仕事をやらなくてもよい、こんなうまい口実はない。ありがたい予算統制である。

反対に、「経費を予算以下でとどめた」といって、これが功績になる。なんとも不思議な現象である。

いったい、予算なるものは、いかなるカラクリによって組み上がっているのだろうか。

多くの会社では、それぞれの部門から、それぞれの計画とそれに要する予算が申請される。それらを合計して総合予算が算出され、全体の調整が行われる。

ところが、販売計画はいつも低めに提出され、製造の原単位は高めに、経費は多めに計上されている。

調整会議で、販売はもっとふやせ、原単位をもっと下げろ、経費は節減せよ、といわれるにきまっているからだ。そして、なんとかうまく説明して余裕のある予算のわくをとり、仕事を楽にしようとする。

予算実績比較表によって評価されるというしくみになっているからである。そして、予算さえ守ればよいというような風潮がひろがってゆく。すべて、資金効率の向上とか、経費の節約というような、経理面のみが強調される。それは、そのとおりにはちがいない。しかし、もともと水増しされた数字をもとにして、効率を向上させ、経費を節減するのだから、楽なものである。
経営的視野からの予算運用ではなくなってしまう。こうして社内の革新意欲を減退させ、政治的カケヒキを助長させてゆく。

自己統制意識の向上をねらったはずの予算統制が、自己保身術の昂揚とセクト主義の発生に拍車をかけるようになる。予算統制がかってに動きだして、フランケンシュタインの怪物のようにあばれまわるのである。

どうも予算統制の考え方が根本的に誤っているとしか思えない。

予算統制の本をよんでいると、「まずトップの理解が必要である」というような話にならない愚論をふりまわす人が、いまだにいるのをみてもわかる。こういう人は、予算統制を技術と思いこんでいるらしい。

「どんな馬鹿でも予算を守ることはできる。しかし、守るだけの価値ある予算をたてられる人は、めったにいるものではない」（ニコラス・ドレイスタッド）という有名なことばがある。われわれはよく、このことばをかみしめてみる必要がある。

予算は各部門の要求を調整して決定するものではない。こうしたやり方は、どこかの国のお役所でやるやり方である。

では企業の予算は、いったいどのようにしてきめてゆくのか。

ある会社——その会社は業界のトップであり、絶え間ない成長と革新が行われている——の例である。

1　社長が高い売上げ目標と、利益（売上げの一〇％）を明示する。

2　残りの九〇％から、統制不能費と未来事業費（後述）を天引きする。

3　残りですべての経費をまかなう。

というのが基本線になっている。このように、企業の予算は、企業の目標からきまるものである。

予算は頭からきめてゆくものなのだ。経営者がみずからの意志によって予算の大綱をきめるのである。経理技術者が、各部門の要求をまとめ、調整した予算案を、トップに売りこんで理解してもらうのではないのである。

ここには、もう水増し経費も、含みのある計画というような、政治的要素のはいりこむ余地はない。はじめからギリギリよりも、もっと苦しい予算がきまっている。これを各部門に割りつけるのだ。当然各部門の予算は全然足りないのだ。その足りない予算でどうやってやりぬくか、これが経営担当者の任務なのである。

そこには、従来のやり方を守っていればよいというような、のんびりした態度は許されない。創意くふうと努力の積み重ねが絶対に必要である。

これがほんとうの予算統制である。

ダソクながら、一言つけ加えておきたいことがある。それは未来事業費（「6・4未来事業費」参照）である。会社の将来をきめる未来事業費を、苦しいからといって、不用意に切りつめることは絶対にしてはいけない。そんなことをしたら会社の将来を危うくする。トップの情況判断と堅い決意によって、未来事業費の予算をハッキリと示すべきである。予算は総額で少なければ少ないほどよいというものではない。現事業と未来事業は、全然別の次元にたって考えなければならないものなのである。

1・11 定員制のあやまり

定員制とは、企業目的を果たす活動をするために、どのような適性または職務の人間を、何人必要とするか、というようなことを調べて、これを定員として配置するということらしい。そこで、科学的、客観的な業務分析を行って、科学的に正しい定員が何人であるかをきめろ、というのだ。

こういうのを観念論という。科学的な業務分析なるものの内容を、ちょっとのぞいてみれば、いまやっている仕事の種類と量を洗いあげて、他の仕事との関連で判断する、という程度のいいかげんなものだ。何も科学的なものなどない。会社のなかの仕事を、たとえどのような方法を用いようと、科学的に調べることなど、できない相談なのだ。なにか、一定のルールにしたがって調べると科学的ということになるらしい。ところがルールそのものが非科学的なのだから、どうやってみても、結果は科学的であるはずがないのだ。

こうした方法で算定した人員を定員としてきめられるなら、だれも苦労しないですむ。提示された定員が、もし現状より多ければ、労働組合も、ライン幹部もそのままのむにきまっている。

多くの場合、それは現状より少ない。この場合は反対されるにきまっている。仕事は多勢でするほうが楽にきまっている。少人数で仕事をしても、それが昇給に結びつくわけではない。部下から不平がでるのがオチである。人員をへらす提案が、すなおに受け入れられるほうが不思議である。そもそも、〝企業目的を果たすための活動〟なんて、ばく然としたことをいってみても、論議が分かれるだけである。

当事者は、必要な仕事だと思うからやっているのだ。それを他人が不必要だといってみても、話合いがつくわけがない。

いま、かりに百歩をゆずって、定員がきめられたとする。しかし、企業は生き物である。たえず変転する情勢に対処するために、企業は変わる。製品が変わり、組織が変わり、制度も変わる。そのたびに定員の査定を〝科学的〟に行っていたら、ほかの仕事はなにもできなくなる。つぶれる心配のない、お役所仕事ならいざ知らず、企業体のなかで定員制をとろうとすること自体がまちがっている。

人員は、職務や職能からきまってくるのではない。事業の目標からきまってくるのである。

わが社の目標はこれこれである。これだけの利益をどうしてもあげなければならない。そうするには、「人件費のわくはこれだけである」とか、「その人件費でまかなえる人数は、これだけである」とか、「一人あたり付加価値目標からどうしてもこれだけの人数でやらなければならない」というふうに、上からきまってくるのである。それを各部門に割付けるのだ。

各部門では、割付けられた人員で、目標を完遂するにはどうしたらいいかを考え、くふうするのである。

筆者の関係しているある会社では、この考え方が徹底している。先日うかがったときに、たまたま新しい仕事がはいったので、それについて何人の人員を割当てるか、ということで会議をしていた。その会議は、その仕事を担当する課長が主催したのである。

その課長の言によると、

「この仕事の付加価値を計算し、これをわが社の目標付加価値からみると、どうしても五人でやらなければならない。しかし、いまのところ、どうしても七人かかる。超過の二人のうち一人は、これこれの設備をすることによって節約できる。もう一人は訓練によって節約する。であるから、その設備をしてもらいたい」

というような要旨であった。

筆者は、この課長の態度にすっかり感心してしまった。ここまで徹底させた社長はほんとうにりっぱである。このような、直接部門では、その気になりさえすれば、こうしたやり方はできる。しかし、困るのは間接部門である。つかまえどころがない。

一般に間接部門(未来事業部門は別)の人員は、どうしても膨張しがちである。いろいろな近代的マネジメントの手法を導入するたびに、間接部門の人員がふえる。なるほど、マネジメントの手法の導入それ自体は結構なことである。けれども、それが果たして会社にとってどれだけプラスになっているのか。それだけの人員を増加してまでやらなければならないか、ということになると、判定の方法がない。

判定の方法がないから、合理化という名目によって新手法の導入がつづけられ、間接人員がふえてゆく。

合理化でなくとも、忙しすぎるという理由で、増員要求がでる。間接部門の仕事には、これでよいという限度はない。いくら人員が多くても、心理的にはこれで十分ということはない。そこで人がほしくなる。

あれやこれやで間接人員はふえる一方である。しかし、困ったことには、「間接人員が多すぎる」という判定をくだす確固とした根拠がない。根拠がないから、多いとは思いながら当事者の要求に負けて人員をふやさざるをえないのである。まったく頭の痛い問題である。そこで筆者は、この問題を生産性の量的な面から測定する方法を考案した。それは、6章―6・8「採算性の測定はこうして」に詳述してあるので参照されたい。

＊1　東海道新幹線は原書発行の1年前、1964年に開通した。当然ながら、その後のフランスの記述も含め、時速は当時の数値である。フランスでは現在、LE MISTRAL号に代わり、TGVが高速鉄道として活躍している

＊2　松下電器産業は2008年にパナソニックに社名を変更した。昭和25年に起きた朝鮮戦争は一時的な特需を日本にもたらしたが、その反動で昭和28、29年は景気が後退した

＊3　米ウエスタン・エレクトリックはかつて存在し、電話機・音響機器などで知られた会社

＊4　東洋レーヨンは現在の東レ。田代茂樹氏は社長、会長を歴任した人物

＊5　東京大学第17代総長の茅誠司（かや・せいじ）氏

＊6　田辺昇一氏は経営コンサルティング会社、タナベ経営の創業者

＊7　一社依存のオンリーワン取引のこと

2章

実施は決意に基づく行動

2・1 実施とは〝やらせる〟こと

実施とは、計画をやらせることである。やることではない。自分にやらせ、部下にやらせ、協力工場にやらせることなのである。

やらせるために、まず必要なものは計画である。計画なくて実施させることは、できない相談だ。

「部下が思うように動かない」という嘆きをよく耳にする。しかし、部下が動かないことを嘆くまえに、自分に確固とした計画があるかどうか、を反省してみる必要があろう。

つぎに、それを上司に、同僚に、部下に、協力工場に、知らせているかどうかを考えてもらいたい。

知らせない計画は、ないのと同じである。計画を知らせずに、部下が思うように動くわけがない。部下はどうしていいか、わからないから、自分だけの考えでかってに動くほかないのである。部下が思うように動かない、まず第一の原因はここにあるのだ。

まず部下に目標を与えることだ。目標のない行動は〝できるだけやる〟ということになる。〝できるだけ主義〟ではダメなことは、すでに述べたとおりである。

われわれの行動は、つねに目標がなければならない。〝これだけ主義〟でなければならないのだ。

目標とは決意である。決意に基づく行動が実施であって、目標もなく右往左往することは実施ではない。

ある会社の社長に聞いた話である。……

「私の会社の主製品は、三年前に工費一個三〇〇円であった。それを、私は八〇円に下げるという決意をし、これを宣言した。これを聞いた部下たちは、『そんなムチャな』と私の大見得を批判したのである。ところが、現在一〇〇円である。八〇円になる見通しもすでにたっている。これも自然に下がったわけではない。『どうしても下げる』という私の決意と、『必ず実現できる』という信念のもとに、私が合理化の先頭にたった。部下もよくついてきた。だからできたのだ。いま、また新しい目標をたてている。これを部下に示したら、『とてもムリです』という。私は、三年前に三〇〇円を八〇円に下げると宣言したとき、きみたちは、やはり、いまと同じことをいった。しかし、りっぱに実現したではないか、今度のこともこれと同じだ。社長の私が何割の部分を受けもつから、きみたちは何割の部分を受けもて、といい聞かせている」

成るか成らぬかの境めはここにあるのだ。

2・2 きめられたことは守らせよ

ある会社で、工程管理がどうしてもうまくいかなかった。その会社は、アメリカの某社と提携していて、提携会社の工程管理制度をモデルにしてつくられた制度なのである。

そこで、提携先にこうて、指導をうけたのである。診断の結果はつぎのようなものであった。

「貴社の工程管理制度はりっぱである。制度自体に大きな問題はない。問題なのは、その制度を守ろうとしない、貴社の態度である」

という手きびしいものであった。

ここに真理がある。平凡な真理である。

この会社だけではない。一般に日本人はきめられたことを守ろうとしない。会合の時刻さえ、なかなか守られない。

時間を守らない日本人の経営する、日本の鉄道は、世界一正確に時間を守る。東京駅の操車は、〝魔術的〟であると外国人を賛嘆させる。これも時間を正確に守ればこそできる離れわざである。

日本人は時間が守れないのではなくて、守ろうとしないのだ。要するに、態度の問題である。きめられたことを守らないから、仕事の運営がうまくいかず、スピード違反をして自分のみならず他人まで死傷させ、遊泳禁止区域で泳いで一つしかない命をなくすのである。

きめられたことを守らないことに対する言いわけとして、忙しいということと、実情に合わない、という二つの理由があげられる。忙しいのは、特別の場合のほかは、仕事のやり方がまずいか、時間の使い方がヘタなのか、どちらかであるから、それ以上ふれないとして、〝実情に合わない〟ということを少し考えてみよう。

きめられたことを守るということと、きめられたことに対する批判は別である。

実情に合わない。だから守れない。という考え方は、もっともらしいけれども、危険な考え方である。社会の治安も、会社の秩序もありえないからである。

もし、規定が実情に合わないのなら、規定そのものを変更して、そのとおり守るのである。規定が存在するかぎり、それに対する批判はどうであろうと、守らなければならないのだ。この考え方を、規定を守ろうとしない連中でも、図面に対してはもっているのである。

図面どおりでは、やりにくくとも、高くついてもそのとおりつくらない、ということはしない。泣く泣くでも図面どおりのものをつくる。じつに従順である。しかし、いつまでもそのままではたまらないから、設計変更を申請する。それが通って、新しい図面ができると、こんどは、いつから新図面のものをつくる、ということをきめて、そのとおり実施する。

このように、図面に対しては正しい態度がとれるのに、なぜ制度や規定になると、正しい態度がとれないのであろうか。

きめられたことは、忠実に守れば守るほど、その欠点がよくわかる。そのとおりにやってみずに批判しても、それはほんとうに権威のある批判とはいえない。

きめられたことを忠実に守るということは、よりよい道を見つけるための最短距離でもあるのだ。

しかし、きめたことは守らせる、といっても、きめさえすればそれでいいというものではない。何がなんでも守らせるという決心は必要であるが、決心だけで手をうたないのではダメである。

守らせるからには、守らせる人は守る人以上にやらなければならない。なにをやったらいいか、を考えぬかなければならないのである。

組織が必要ならば組織を、設備が必要ならば設備を、技術が不足ならば技術訓練を、その他いろいろな要因を考え、それにアイデアを加えて考えぬき、くふうし、実行しなければならない。

不可能を可能なものに変質させることは、手をこまねいていてはできることではないのである。

2・3 仕事の現実

仕事の現実は、

1　かぎられた時間のうちに
2　不完全な資料をもとにして
3　事態を把握し、判断し、決定し、行動する

ものである。

われわれの仕事には、無限の時間は許されない。必ず期限があり、納期がある。いくら時間の不足を訴えてみても、時を止めることはできず、会社の内部事情はどうであろうと、お客は待ってくれない。

技術革新は、ますますそのテンポを速めている。つねに時間との競争であり、かぎられた時間のわく内で仕事をしなければならないのである。

そのうえ、仕事を行うために必要な完全な資料をうることは、いかに有能なスタッフを大ぜいそろえても、どのような努力をはらっても、絶対に不可能なのである。われわれの仕事には、あまりにも不確定要素、変動要素が多すぎる。

やっととえられたわずかな情報も、それはその情報をえた時点におけるものであって、「釣った魚と情報は、それをえた瞬間から腐りはじめる」

ということを考えたら、われわれの利用できる情報に、真実の姿を伝えるものは、きわめてわずかであると思わなければならないのだ。

このような悪条件のなかで、われわれは事態を誤りなく把握し、冷静に判断し、果敢に決定し、勇敢に行動しなければならないのである。

われわれにたいせつなことは、かぎられた時間のうちに事を行うためには、最低限どのような情報が必要であるか、を判断することなのである。情報収集は〝あらゆる情報〟ではなくて、〝最少限度ギリギリ必要〟な情報なのだ。そして、集められた、わずかな、そして不正確な情報をもとにして、将来を予測し、事態を把握し、総合して判断をし、決定をしなければならないとするならば、そこに必要なものは、知識でもなければ技術でもない。思索であり、知恵なのだ。そして決断をくだす勇気なのだ。

ああ、しかし、現在のマネジメント論は、知識、技術のみに焦点を合わせ、いかに実践能力を軽視していることだろうか。

仕事に科学的な原則があることはたしかであるかもしれない。けれども、その原則にしたがいさえすれば、成果が上がるような教え方をするものが多すぎる、という印象をうけるのである。

「単なる知識や技術は人間をあさはかにする」（田辺昇一）

ばかりである。

知識、技術をほんとうに生かすものは何か、……をわれわれは、よくよく考えてみる必要があるのではなかろうか。

2・4 重点主義に徹せよ

仕事の現実は、かぎられた時間のうちに遂行しなければならないとすれば、何もかもやろうとか、完全にやろうとか、することはおかしい。

何もかもやろうとしたら、何もかもできなくなる。完全にやろうとすると、時間はいくらあっても足りないのである。

したがって、いやでも重点主義にならざるをえないのである。だから、はじめからその仕事は何が重点なのかを考え、どうしてもしなければならないことだけにかぎることである。

「働くという字は、人が重点に力をそそぐことである」（宮村邦雄）

という表現は、この真理をうまく説明している。

旧日本軍に〝作戦要務令〟というマニュアルがある。その綱領に、

「戦捷（せんしょう）の要は、有形無形の各種戦闘要素を総合して、敵にまさる威力を要点に集中発揮せしむるにあり」

というのがある。旧日本軍への批判は別にして、この綱領は、巨額の費用と長い年月と、尊い多くの人命を犠牲にしての〝経験哲学〟なのである。これが重点主義の極致であろう。

戦争の名人、ナポレオンの有名な中央突破戦法はこれである。もっているだけの大砲を集め

て、敵陣の中央に集中砲火を浴びせて、ここを突破し、敵陣を二分して一挙にやっつける、というのだ。

ひたすら目的を達しようとする執念と死にものぐるいの努力は、必然的に重点主義となっていく。

「成功する人はキリのように一点に向かって働く」(ボビー)

というのも重点主義であろう。われわれの仕事には、つぎからつぎへの障壁が待ちかまえている。もっているわずかな力で、この壁をやぶることは容易なことではない。壁を押しても、なかなか倒れるものではない。こういうときには、まず一個所をキリで穴をあけ、この穴をひろげるのだ。壁にぶつかったときは、この〝ドリル戦法〟はきわめて有効なやり方である。

この重点主義を裏返して考えてみると、〝やらないことをきめる〟ということになる。この判断と決断こそたいせつである。

しかしながら、やらないことをきめるということは、並たいていのことではない。昇進させる人をきめるよりも、昇進させない人をきめるほうがむずかしいのであり、設計でも、強度をもたせることよりも、強度をもたせないところをきめるほうがむずかしいのである。かの零戦は、空戦性能を徹底的に追求した半面、防御力はほとんど零に等しかったということである。重点主義の手本である。組織、機構も簡素化することの困難さは、経験した人のよく知るところである。

この苦しさをのりこえ、あえて、やらないこと、省く個所をきめなければならないのが現実なのだ。完全主義は非現実的であり、これは、失敗に通じる道である。

2・5 科学的接近という考え方の罪悪

科学的接近とは

1 問題(あるいは目的)をあきらかにする
2 それに必要なあらゆる事実を集める
3 事実に基づいて実施可能な計画をたてる
4 計画に基づいて実施する
5 統制する

ということであるらしい。この考え方は、人の魂を腐らせる毒をもっている。いったい、〝あらゆる事実〟とは、なんという現実ばなれの空論であろうか。あらゆる事実とは、何をもって〝あらゆる〟ということがいえるのか。これがあらゆる事実である、といえる人は世のなかに一人もいないはずである。

ここを責任のがれに利用されるのだ。あらゆる事実を集める時間がなかった。だから結果が悪いのだ。という言いわけがなりたつからだ。その時間をあたえなかった上司に責任があるというのである。実際にこうした言いわけを故意に利用するわけではないけれども、心のどこかに、この言いわけを用意しているのだ。

これが、おそろしいのである。理論的には正しいようにみえても、だからいいのだとはいえない。現実というものはおそろしい、こうした理論の盲点を利用して、責任のがれが行われているのだ、私自身、部下から何十回、このような言いわけをされているかわからないのである。そのたびに、その考え方の誤りであることを再教育しなければならなかったのである。

〝完全に〟、〝もれなく〟、〝すべて〟というような表現は、観念的にはまちがってはいないであろうが、現実には、このようなことは望めないのである。ここをつかまえて、責任のがれに利用されるのだ。現実に望めないことは、いわないほうがよい。

〝実施可能な〟という考え方の罪悪は、計画のところですでに述べておいた。

なにはともあれ、マネジメントの理論は、あくまでも現実を対象にしたものであるだけに、理論的に誤りがなければいいものではないことを、よくよく考えたうえで教えてもらいたいものである。

3章

統制とは目標を達成しようとする執念

3・1 知って行わず

統制とは〝計画と実績との差をとらえて、これをつめること〟である。ということは、一応勉強した人ならだれでも知っている。しかし、知識としては知っていても、果してどれだけ実行しているであろうか。

実行しない知識なら、ないほうがいい。目標をたてる、計画をたてる、まではやさしい。だれでもできることである。むずかしいのは実行であり、なおむずかしいのは統制することである。筆者は職業がら多くの会社、多くの人に接している。そして、それらの人々の行動をみるにつけ、つくづく感じることは、統制の弱さである。

いったい、なぜこうも統制力が弱いのであろうか、といつも考える。

その原因はなんであろうか。なんといっても、まず第一にあげられることは〝生きるため〟に、何がなんでもやらなければならない、という絶体絶命の立場にまで追い込まれていない、またそうしなくても食ってゆけるならば、それほどにしなくてもいい、という考え方があるのではないか。人間の弱さであろう。

そういう人達はそれでもいいだろう。多くをいうまい。

しかし、事にあたるのに、たとえ絶体絶命の立場に立たなくとも、自分の人生観、使命感をもつべきである。そして、それの実現のために死力を尽すというのが、生きがいである。とするならば、その人生観、使命感を具現するための、〝高い目標〟を自分自身に課し、これをやりぬくという決意と行動がなければならない。

高い目標に到達するその過程には、数えきれない多くの障害が横たわっている。それらの障害をのりこえ、ふみこえて、一路目標に邁進(まいしん)するためには、執念こそたいせつである。七転び八起き、根性、ねばり、いろいろなことばがある。こうしたものが統制の根本精神であり、態度なのだ。

計画と実績との差をとらえ、これをつめるということは、たんなるテクニックの問題である。統制を、たんなるテクニックとしてとらえるから、ああでもない、こうでもない、だから計画どおりいかない、と寝言ばかりいうことになるのだ。

いくら、できない理由をあげてみても、そんなものは三文どころか、一文の値うちもない。値うちのあるのは、成果のみなのだ。やり遂げた結果のみが尊いのである。

3・2　差をとらえる

計画と実績との差をとらえて、これをつめることが統制であるなら、まずその差をとらえることから、はじめなければならない。

ところが、差のとらえ方からして問題がある。合格率、出勤率、達成率というようなことばをよく聞く。軽い意味でこうしたことばを使うのはさしつかえない。また、計算上の数字としてこれを使うことも必要である。

しかし、それだけでは困る。管理の考え方からみると、これらは計画や標準と実績との〝差〟ではなくて〝実績〟だからだ。

管理的にいえば、不合格率、欠勤率、不達成率という表現が正しいのである。計画達成率九〇%だから好成績だ、と満足しているのではいけない。計画より一〇%少なかった。その原因はどこにあるか、という考え方をすべきである。合格率九七%というのは、九七%に問題があるのではなくて、三%の不良に問題があるのだ。そして、この差のとらえ方に問題が多い。

ある会社で、品質管理制度を実施していた。品質管理課が設けられてあり、各部門からの報告制度は完備していた。

しかし、不良率は、数年来一〇%の線を横ばいである。一項目の異常値は三%にきめられていた。はじめにはこれが五%であったので、品質は大いに向上しているというのである。異常値に関するかぎりこれは真実であるが、これだけで満足しているのでは困るのである。不良率一〇%の横ばいをなんとかしなければならない。筆者がその会社にうかがったとき、生産技術課長からこの相談をうけた。生産技術の立場から、この問題を解明したいというのである。

そこで、完成品検査のデータを不良項目別に、パレート分析してもらった。ところが、五〇項目ほどの不良項目のうち不良数の五〇%を四項目で占め、しかもそれらがいずれも致命的欠陥であることがわかった。さらに、その四項目の不良原因を調査してもらったところ、一個所の設計の不適切が、それら四項目の個所になってあらわれる、ということがわかったのである。一つ一つの項目は、いずれも二％以下なのと、手直しがきくという理由から、品質会議ではほとんど問題にされていなかったということだ。致命的欠陥であるし、またこれを解決すれば、不良は半減するので、この点を最重点としてとり上げるよう勧告したのである。

また、別のある会社で、その会社は在庫管理がきびしく、組立て待ちの購入品は二日ぶんということになっていた。

毎日在庫日報が出されて、それには、過不足が記入されていた。購買係は、これによって購入のコントロールをするというのである。よく行われている方式である。

この制度での問題を調べてみたところ、在庫の絶対数が二日ぶん以上か以下か、という報告であって、生産計画を基準にした二日ぶん先行に対する過不足ではないのである。そこで、生産計画と照合してみたら、絶対数では過剰在庫であっても、生産計画に対しては正常在庫であったり、正常在庫として報告されているものが、実は不足部品であったり、その逆であったりしているのだ。であるから、欠品によって遅れていた製品が、その手当ができて、遅れを取り返そうとすると、たちまち組立て待ちの購入品に不足ができてしまうのである。

以上二つの例は、そんなバカな、と思われるようなことであるが、実話である。現実には、こうしたことが多いのである。

何を基準にし、どういう数字をとらえるべきか、ということをよく見きわめていないと、このようになってしまうのである。といっても、べつに、むずかしいことではない。計画や標準を基準にすればいいのである。

3・3 六日のアヤメ、十日のキク

進度表は、これによって〝遅れを発見して手をうつ〟ためのものではない。遅れを発見するのに、進度表は不要である。納品が遅れればお客から督促がくるし、材料や部品が遅れれば、製造部門からもんくがくるからである。進度表は、遅れそうなものを未然に発見して手をうつためのものである。

ＰＭ（設備予防・保全）（＊1）は文字どおり、故障や災害を未然に防ぐためのものである。われわれの仕事は、治療主義ではなく、予防主義がほんとうである。予防するためには、差を早めにとらえるのでなければ、対策の時間がなくなる。早めにとらえることが絶対にたいせつである。そのためには、どこでとらえるか、どのようなとらえ方をするか……ここがポイントになる。

〝六日のアヤメ、十日のキク〟になってしまってからでは手のうちようがない。遅れました、なぜ遅れたのかといってみても、遅れたものは、いまさらどうにもならない。死にました。どうするか、死んだものはいまさら仕方ありません、というのと同じで、処置なしである。このような死亡診断書は、会社にとってはなんの役にもたたない。早めに差をとらえた、健康診断書こそ必要なのだ。

典型的な死亡診断書は、財務報告書である。大部分の会社で、非常に時間がかかる。月次報告なら締切り後三日以内に、年次報告でも、外部報告は別にして、十日以内にできなければ意味がない。

これは、時代遅れの会計学そのものに原因の大部分がある。

筆者は月次も年次も報告は締切り後三日以内に報告できるような、管理的報告書をくふうして、これをすすめている。すでに数社に導入して喜ばれている。正確さやりっぱさでなく、実戦に役だつためにはタイミングこそ絶対条件なのである。

3・4 報告書主義の誤り

ある量産会社の工程管理制度を調査したときに、〝部品遅延報告書〟というのにぶつかった。どうも、工程管理の権威者と称する人が頭のなかだけでつくりあげたものらしい。念の入ったことに、〝遅延回復計画書〟まである。担当者に聞いてみると、遅延報告書を書いているうちに状況が違ってくる。遅延回復計画書にいたっては、完全な作文である。

だいたい、量産の場合に、部品が遅れたからといって、その報告書を書いても意味のないことは、現場の経験を一度でもしてみればだれでもわかる。遅延回復計画書にいたっては論外である。

遅延は報告しても回復しない。対策を実際にとることによってのみ、回復を期待できるのである。担当者に書類を書かせるよりは、督促にとび回ったほうが効果があるのだ。報告書主義の誤りである。

これについてのドラッカーの所説の一部を引用してみよう。

報告及び手続は、経営に必要な道具である。道具のうちでこれ程使い方を誤り易く、損害を及ぼし易い道具はほとんどないといってよい。報告及び手続は、正しく用いられていない時には、もはや道具としての役割を果すことはできず、むしろわざわいの種となるものである。

報告と手続が誤って用いられるにも、三つの場合が考えられる。第一の場合は、誰もが手続は規律維持の道具であると信じることである。だがこの考え方は間違っている。手続の本来の意味は、単に能率促進のための手段であったのである。手続は決して仕事の内容を決定するものでなく、どうすれば仕事を最も無駄なく遂行することができるかに役立つだけなのである。

――中略――

第二の場合は、手続が判断の代りをすると考えることである。手続は、判断をもはや必要としない場合、つまり判断がすでに下され、その運用にはただ繰返しだけでよい状態になった場合にのみ、その役割を果すことができる。われわれの文明は、形式が整えられていることに、何か超越的な力を信じ、その迷信に悩まされている。

―中略―

しかし、第三の場合、すなわち報告と手続とを上からの統制の道具として用いるという場合が、誤った用い方としては最も普通である。報告および手続が、上部の経営層に情報を提供する目的でなされる場合、たとえば毎日の事業報告となる書類を提出したりする場合に、この危険は最も大きい。工場の経営担当者によくあることであるが、自分には必要でない情報の書類を、本社の会計係、技術担当者、あるいは幹部達に提供するために二十通も書かねばならなかったりする。その結果その人の注意は自分の仕事からそれてしまう。そして会社が統制上、経営担当者にさまざまな要求をしていると、彼はそれこそ会社が彼に求めているものであり、また同時に、それこそ彼の真の仕事だと思いこむようになる。かくて経営担当者統制の目的に用いられる手続に憤慨しながらも、彼は自分自身の仕事よりもそれに努力を注ぐようになる。そればかりではない。結局はその上長もまた手続によってとりこにされてしまうとまでいかなくとも、少くとも道を誤らされていることになる。

―中略―

報告と手続は最少限にしておくことが望ましく、時間と労力の無駄がはぶける時にのみ用いられるべきである。またできるだけ簡明な報告や手続の様式を採用しなければならない。

（自由国民社刊「現代の経営」）

こうして、手続はますます複雑化し、報告書はふえてゆく。どの会社でもほとんど例外なく間接部門の人員が加速度的に増大してゆく。〝パーキンソンの法則〟はこの間の事情を、英国海軍省の例をひいて、われわれのまえに示してくれている。（＊2）

会社を忘れ、目標を忘れて、ひたすら、手続の複雑化をまねいている姿をわれわれは、よくよく考えてみなければならないであろう。

3・5　実績に計画を合わせるとは

左表は、ある会社の実例である。ある月のある製品の生産計画と実績である。

一カ月に二回変更しているのである。この製品の計画と実績との差は、果たしていくつなのだろうか。

われわれは、つねに計画と実績との差を、問題としてとらえるのだ。この例の場合に問題な

	当初	第一回変更	第二回変更
生産計画	28,200	21,800	18,500
実績			17,200
計画と実績との差	11,000	4,600	1,300

のは、当初計画と実績の差の一一、〇〇〇なのだ。それを、計画どおりできそうもないからといって、途中で二回も計画を変更して、最後に、計画に対して一、三〇〇しか遅れなかった、という解釈をしていいのだろうか。これは自己欺瞞(ぎまん)以外の何物でもない。こうした考え方なら、第三回目の計画変更で、計画を一六、〇〇〇にしたら、一、二〇〇の計画突破となる。まさに、ナンセンスである。

これでは、なんのために計画をたてるのだか、さっぱりわからない。管理とは、計画にしたがって実施し、実績を計画に近づける努力をすることである。実績に計画を近づけることではないのである。実績に計画を近づけることは、別にさしつかえない。したければすればよいのだ。

ただし、それは管理ではない、ということを心得ていなければならないだけである。そして、こういう会社は、この考え方を変えないかぎり、業績は永久に向上しないであろう。ところが、この会社を笑えない事態が、随所におこっていることを筆者は知っている。

「状況の変化にしたがって計画を変えてゆく」という、もっともらしい理論のなかに、この考え方がある。といって、いいすぎなら、そう解釈されているのが現実に多いのだ。

「計画どおりには、なかなかゆくものではない」という考え方は、ミクロ的（微視的）なとらえ方をしているのである。日常の細かな計画変更も計画変更にはちがいない。その意味では正しい。しかし、もう一つ大きな視野からみれば、細かい部分の変更は、むしろ統制と考えるべきである。月間計画を完遂するために、部品の入荷状況に合わせてやりくりすると考えるのだ。目標を達成するためには、これをハッキリと見つめながら、途中の細かな計画変更は統制であるとする考え方のほうが妥当なのである。

むろん、計画を変更する場合はある。それは、あくまでも外部情勢の変化に対応するためのものであって、社内活動のまずさによる計画変更は、してはいけないのである。社内活動のまずさを、遅れ、不良という形でとらえて、合理化をするためであり、合理化の効果を測定するモノサシとして活用するためである。

3・6　朝令暮改は必要

朝令暮改は、上にたつものの定見のなさであるとして、悪徳なりとする見解は、一般的にはそうであろう。しかし、一般的にそうだからといって、悪い点を改めないのは、それ以上の悪徳である。

たとえ、相当慎重に検討した結果の決定であっても、人間のやることであるかぎり、実施してみるとうまくいかないことも、けっして少なくない。こうした場合は、ためらわずに改めるべきである。

設計ミスを、設計者がメンツにとらわれて変更しなければ、どういう結果になるかを考えてみればわかる。

朝令暮改という批判をおそれて、改めなければ、一応上にたつもののメンツはたつが、内心はやはり気がひける。そのために、それが守られなくとも黙認することになりやすい。これがいけないのである。きめられたことが守られなくなったら終わりである。

きめられたことを守る。守らせる、ということの重要さを認識している経営者や経営担当者は、自己のメンツにとらわれずに、朝令したものでも暮改すべきである。でなければ、たとえ、ぐあいが悪くとも、断乎として守らせるのである。

制度や規定などを新しく制定する場合には、この朝令暮改の批判をおそれて、改訂を渋ることを予防するために、〝試し実施期間〟を設けて、この間の経験によって、悪いところを随時改定し、それらが終わったところで本決定とするほうがいいし、実際的である。

とはいっても、「実情に合わない」という声には、ほんとうに実情に合わないものと、たんに現状や、過去の経験からみて、そういう場合がある。このへんの判断を誤らないことがたいせつである。要は、あくまでも前向きの姿勢をとることである。

3・7 問題とは何か

問題ということばは、じつによく使われる。われわれは、問題とは何かがわからずに、やたらに使ってはいないであろうか。

いわく、問題とは、解決しなければならない事がらである。いわく、企業の業績向上を阻害する要因である。などであろう。これらの定義はまちがいではないだろうが、なんとなくピンとこない。もっと端的な定義はないものであろうか。筆者はつぎのように考える。

問題とは、計画（標準）と現状との差である。

生産計画に対して、現状はそれより遅れているなら、その差が問題なのだ。不良品というのは、目標品質までいっていないから問題なのである。

大きく会社の問題とは、会社の目標と現状との差である。トップの方針と現状との差が問題なのである。

こう考えると、問題はなんであるかが明りょうにつかめる。数字で表現された目標や標準があれば、問題はハッキリと数字でつかむことができるのである。これならばピンとくるのである。

とすると、方針、目標、計画、標準などのないところに問題は存在しないといってよい。あるのは現象だけである。不良品がでるといっても、不良品をなくそうとする意欲があるから問題となるのであって、「ある程度の不良は仕方がない」と思っている人には、不良というのは現象であって問題ではないのである。

であるから、問題というものは存在するのでなくて、つくりだすものであり、生みだすものである。高い目標を設定した瞬間に、目標と現状との差が問題になってくるのである。現状に満足しているものには問題はない。向上しようとする意欲から問題が生みだされる。高い目標や、高い標準を設定すればするほど、問題は大きくなるのだ。現状とのギャップが大きいからだ。

こう考えてくると、問題解決とは、計画と実績との差をつめること、すなわち統制することなのだ、ということがいえるのである。

3・8 急性問題と慢性問題

問題には二つの性質がある。急性と慢性だ。人間の病気にも急性と慢性があり、それによって治療法がちがうように、問題も急性と慢性では解決法がちがうのである。

急性の場合には、

1 問題をつかむ

2　対策をとる
3　原因を調べて、これを除く

というように、対策が先である。機械が故障した、作業者が欠勤した、外注品が遅れた、というような場合である。

このようなときに、対策もとらずに原因を調べることや責任を追及することは意味がない。火事は消すことが先で、原因はあとから調べればいい。

ところが、会社の仕事では、対策もとらずに、責任を追及するようなことをしているのを、しばしば見かけるのだ。とくに遅延対策会議にこの傾向が強い。遅延の回復対策はそっちのけ、もっぱら責任者の責任追及をしている。これは、遅延対策会議でなくて、査問会である。これで遅延が回復したら不思議である。遅延対策会議には、対策以外は議題にしてはダメなのである。

慢性の問題の解決法は、

1　問題をつかむ
2　原因をあきらかにする
3　対策をとる

という順序に行うのである。急性問題とは順序がちがうことに注意していただきたい。

慢性問題に、その原因もよくつかまずに手をうつことは危険である。原因をはっきりとつかんだうえで抜本的な手をうたなければ、事態はいつまでたっても好転しない。ところが現実には、原因をよく調べもしないで、対症療法ばかりに力を入れていることが多いのである。不良の原因はそっちのけ、手直しにばかりうき身をやつしたり、外注品の遅れは督促をもって唯一の対策と思いこんでいたりするのは、この例である。

われわれは、問題が急性であるのか、慢性であるのかをまず見きわめることがたいせつであり、それに応じて、どのような行動をとるべきかを知っていなければならないのである。

3・9 問題解決の考え方

慢性の問題は、なかなか解決がむずかしい。むずかしいからこそ慢性化しているのだ。だから、これを解決するには、ただやたらにこね回してもダメである。一定のルールにしたがって、解決に努力するのが賢明であろう。

つぎにあげる実例は、D・カーネギー著『道は開ける』の邦訳（創元社）から引用したものである。標題は……仕事上の悩みの五割をなくす法。

これは「ジョン氏」とか「エックス氏」とか「オハイオの私の知人」とか、漠然とした人についての作り話ではない。実在の人物だ。レオン・シムキンといって、長年シモン・シャスター印刷会社の重役をつとめ、現在はニューヨークのポケット・ブック発行の社長をしている人のことだ。次にしるすの

は、彼自身の語る彼の体験談である――

「十五年間、私は毎日の半分を、会議や討論に過ごしていた。これをしようか、あれをしようか、やめようか。我々は興奮し、椅子の上で身体をくねらせ、部屋の中を歩きまわり、議論は堂々めぐりで、いつまでたってもきりがつかなかった。夜になると、私はヘトヘトに疲れきってしまった。死ぬまで、この状態が続くのかと思われた。十五年もやってきて、ほかにいい方法があるはずだということに気がつかなかったのだ。もし誰かが私に、私が厄介な会議に費している時間の四分の三と神経緊張の四分の三とを除去する方法があるはずだと言ったとしたら、私はその男のことを、物知らずの、畑水練ののんき者めがと、ののしったにちがいないのである。それでいて私は、それを実行するプランを考え出したのだ。もう八年間実施している。それは能率、健康、幸福の点で実に素晴らしい成功をおさめている。それは魔術のように聞こえるが、あらゆる魔術同様、種を明かせば、いたって単純なものだ。

秘訣はこうだ。第一に、十五年間会議開催に用いていた手続きを全廃した――まず同僚の役員が失敗した事柄を詳細に報告したあげく、『で、どうしたものか?』という言葉で終わる手続きである。第二に、私は新しい規則を作った。すなわち私に問題を提出したい者は、まずあらかじめ次の四つの問いに答えられる覚書きを作って提出すべしというのである。

第一問　その問題とは何か?

(従来我々は、問題の本質をハッキリと具体的に知らないままで、一時間も二時間も、めんどうな議論を続けていたのである。我々は問題の核心をハッキリと書きしるすべきであったのに、それをしないで、問題について甲論乙駁、興奮していたのである。）

第二問　問題の原因は何か？

（既往をかえりみると、私は問題の根本に横たわる条件をハッキリと見つけようとしないで、厄介な会議に時間を空費した。それを思うと全くいやになる。）

第三問　その問題に対するすべての可能な解決法は何か？

（往時は、誰かが一つの解決策を提案する。すると誰かがそれに反対を唱える。みんな真赤になる。主題からそれてしまうこともある。会議が終わってみると、問題解決に必要な事項が何一つ書き留めてないという有様だった。）

第四問　君の提案する解決法は何か？

（これまで私は、ある問題についていたずらに悩みつづけるのみで、何等それについて思考せず――『私の提案する解決法はこれだ』と書きしるすことをしない人と会議に出席していたのだ。）

私の同僚たちは、めったに問題をもって私の所へはやって来なかった。なぜかというに、彼等がこれら四つの質問に答えるためには、あらゆる事実をつかみ、問題を充分検討しつくさねばならなかったからだ。

それをやってしまった後には、たいていの場合、私に相談する必要がなくなった。なぜなら、適当な解決法が、ちょうどトースターからパンが飛び出すように出てきたからだ。相談の必要な場合でさえ、話合いは従来の三分の一ですむ。順序よく論理的な道を経て妥当な結論に到達するからだ。

いま私の会社では、何が間違っているかについて悩んだり相談したりに長い時間は費さない。物事

を正しくするために、相談よりも実行に重きをおくからだ」

少し私が補足しよう。

第一の問題について

問題の本質を具体的につかむには、方針、目標、計画などと現状を比較することだ。そして、その問題を掘り下げて考えてみる。あくまでも客観的に、他社と比較し、すう勢を分析し、必要とあれば第三者の意見を聞くことであろう。

第二の原因について

問題には、つねにいろいろな原因がからみ合っている。そのなかから最も支配的な原因、いいかえれば、そこを押えれば、あとは〝いもづる式〟に解決する点をつかむことである。ツボをはずれた灸（きゅう）はきかないように、根本原因をつかまぬ対策は問題を解決しない。

第三の対策について

考えられるだけの対策を列挙してみる。一つだけしか対策をあげないのではダメである。対策をいくつあげられるか、で結果の半分はきまる。多くの対策会議で失敗するのは、一つの対策がでると、すぐにそれに対する批判がでるために、その対策のみの適否の討論に熱中して、他の対策のあることを忘れてしまうことにある。

いかなる対策にも必ず欠点がある。人間の考えだすことであるかぎり欠点のない対策はないのである。その欠点をあげつらっていたのでは、問題は解決しない。だから、対策に対する批判は意味がない。

まず、考えられる対策を全部あげてみる。一見、非常識と思われる対策や、実現不可能と思われる案に、意外とすばらしい解決策がかくされているのである。ブレーン・ストーミングはこの考え方がたいせつなポイントの一つになっているではないか。

とにかく、どのような案がでても、これに対する批判は厳禁というルールを確立すべきである。批判をするのではなくて、出そろった案について、客観的に、その利害得失を検討するのである。

第四の決定について、

どの案にも必ず利害得失がある。利点だけの案はない。そこで必要なのは決断である。ちゅうちょすることは、対策を誤るよりもいけないのである。思いきって決定するのだ。いかにすぐれた決定でも、決定が遅れて実施の時間がないならば、それは決定しないのと結果は同じなのである。

ここで、さらにもう一つ、第五番目としてつけ加えるものがある。それは〝結果はどうか〟ということである。〝決定〟の結果についてのチェックを必ずすることである。予測どおりであったか、もしも予測どおりでなかったなら、どこで誤ったかを検討することである。そして、これからどうするか、を考えるのである。

この問題・原因・対策・決定・結果という過程を〝意志決定の五段階〟という。

筆者は、この考え方を、問題解決会議と称して、多くの会社で実施している。そして、それが大きな効果をあげているという経験からも、この考え方、やり方こそ、問題解決の最短距離であると確信しているのである。

＊1　Preventive Maintenance の略

＊2　1957年にC・N・パーキンソンが著した『パーキンソンの法則』にある内容。英国海軍省の軍艦や軍人の数は減っても、スタッフ部門は肥大化したことを指摘した。

4章

組織は目標達成のためのチーム・ワーク

4・1　伝統的な組織論の欠陥

ドラッカーはその著『現代の経営』のなかで〝正しい組織理論〟と題して、おもしろいたとえをあげている。その一部を、つぎに引用してみよう。

十七世紀に入るまでは、外科手術は医者ではなく、理髪師が行うものであった。しかも、この理髪師は、治療するというよりも、徒弟時代に習いおぼえた荒療法を手あたり次第に施してみるといった方が適切な人達であった。医者は、道徳の名をかりて患者の肉体に傷をつけないという誓いを文字通り守り、切開手術を行うことはおろか、それを見守ることとさえ思いもよらぬといったありさまであった。

しかし正式に行われる手術の場合は、学のある医者が、苦悶する患者のはるか上方の高座に座って、理髪師の行うことを、理髪師には全然通じないラテン語の古典を声高によむことによって指導した。もし患者が死ねば、つねに理髪師の過失となり、患者が回復すればいつも医者の功績になったことはいうまでもない。そして、どちらにころんだところで、余計に料金を受取るのは医者の方であった。

この話の医者が、組織論における学者であり、理髪師が経営者の立場であると考えられるというのである。

学者は、じっさいのことは何も知らずに、経営者にはわからない組織論をふり回し、経営者はこうした理論を知らずに、ガムシャラに経営にあたっているというのである。

経営者は、わが社に適した組織はどのようなものがよいか、を知りたがっているのに、学者は組織の構造論のみを説きつづけてきたというのだ。

このギャップは、どこからでてきたのか、答は簡単である。学者の理論はタタミの上の水練式なのだ。そんな理論は知らなくとも、昔かられりっぱな業績をあげた経営者は多い。

本田技研工業の本田宗一郎社長は、その著『スピードに生きる』（実業之日本社刊）のなかで、つぎのようにいっている。

おそらく組織の点では、現在のわが社などお笑いものである。いや、むしろ私は組織に対してかなり批判的だといった方がいいでしょう。組織が強ければみんな幸福かといえば、炭坑の労働者をみればすぐわかる。

これは日本一強固な組織であるけれども給料は貰えない（筆者注：これは三井三池炭坑のストライキをさしている）。組織偏重でゆきすぎだから駄目なのである。個人だって同じだ。ゆきすぎでは駄目になってしまう。それを頼りにして個人の知恵もださない。

組織が仕事をすると非常に個人は楽になるが、そういうことは知恵のない証拠である。みんなに仕事を与えるためには組織も結構であるが、しかしそれが偏重であってはまことにこわいものだと思う。現在わが社でもだんだんこの組織が強くなって、そのためこれに伴うトラブルもある。

組織万能論者は、この本田社長の言をもって如何となす。

ついでにもう一つ、森下仁丹の、森下泰社長の言である。（＊1）

最近アメリカに行きまして、組織やらいろいろ勉強しまして、ゼネラル・スタッフとか、スペシャル・スタッフとか、ラインとか、理想的な組織をもってみました。ところが、これは東洋レーヨンとか八幡製鉄とか、大会社の場合でしたら必要ですし、たしかに有効だろうと思うのですが、わたくしどもの企業では、全部まちがいだと思いました。最近になりまして、お恥しいかぎりですが、かなりの部門をけずりました。そういう意味で、会社によってはまちがっていない組織でも、われわれ程度の企業にそのままもってきていいというわけではない、ということを痛感いたしました。——（「近代経営」一九六四・一一、中小企業臨時増刊号）

これが、従業員一、六〇〇名の会社の社長の言なのである。三〇〇人や五〇〇人の会社で、もっともらしい観念的組織論をふりまわす危険を、よくよく、心すべきであろう。

とはいえ、組織理論が不要だといっているのではない。組織のあるかぎり、組織論は必要である。ただそれが、観念的なものだけでなく、動態的な実戦論があってもいいというのである。もう一つ、伝統的な組織論には、大きな誤りがある。それは、経営体の内部で行われているもろもろの機能の分析から出発しているということである。

そこには、ほとんどなんの疑問ももたれずに、職能を認めている。その実証は、組織論に使われている用語をみればわかる。職能、職務、職位、職制、職責、職権、職階というようにである。職という字を取り去ったら、従来の組織論は成りたたないのじゃないか、と思われるほどである。

そして、その職能は、互いに関連する技能の集合という定義づけをして、これらを〝職能単位〟にまとめることが組織化の本質的な利点であるとしている。

こうした考え方に基づいた組織では、自分の職能を最も重要なものと考え、「経営目的を達するため」の仕事は、これであると考えるようになる。自己の職能それ自身の高度な遂行をはかることのみに腐心し、会社全体のことは二のつぎになる危険がある。こうなると、もう手がつけられなくなる。

だれもかも、自分の領域での専門的技術の練磨や知識の習得のみにはげむ、視野の狭い、偏執的な、経営的感覚のない人間がつくられていく。たんなる専門技術や部門管理をもって経営と考えるようになる。現在いわれている〝経営学〟なるものは、このような分野での学問がほとんど大部分である。それらは、〝管理学〟ではあっても、〝経営学〟ではないのだ。

さらにもう一つ、職能的な組織では、業績の測定がむずかしい。当然のこととして、目標の設定が困難なのだ。目標を設定しても、結果の測定ができないからである。

多くの経営者が、管理部門の膨張に対して、ほとんどなすところを知らないのは、ここに原因がある。そして、部門管理者の専門的立場からの主張をはねつけることができずに、管理部門はふくれあがり、会社の業績を低下させていく。職能的組織論の罪悪はかくのごとしである。

組織というのは、事業の目標を達するためのチーム編成である。したがって、組織はすべて事業の目標達成のためにはどのような組織が必要か、という考察から生まれてくるものである。明確な事業目標のないところに、りっぱな組織はありえないのである。

この根本理念を忘れて、いたずらに構造美学的組織のみを云々しているところに、根本的な誤りがあるのだ。

このへんの認識から出発しなければ、組織は事業にとっては重荷になるばかりである。

4・2 組織に定形はない

従業員四〇〇人ほどのある会社の話である。親会社からの連続的な値下げをうけて、赤字転落の一歩手前まで追いこまれていた。

社長はこの危機を突破するために、

1　営業部門の強化による新規得意先の開拓

2　生産部門の徹底的合理化

という二つの対策を推進することを決意した。

営業部長については、事は簡単であった。生産担当常務を営業担当専任としたのである。

生産部門の合理化には困った。従来の組織は、社長——生産担当常務——生産部長——各課長、というようになっていた。営業最優先の方針にしたがって、生産担当常務を営業に回したので、当然、生産部長が生産部門の全責任を負わなければならない。この生産部長が、非常事態を乗りきるには、能力があきらかに不足するのである。さんざん考えたすえに、思いきって生産部を廃止し、課長を社長直結としたのである。それも一年の期限つきである。

こうして、社長みずから生産の第一線にたった。いままで生産の上がらなかった理由は、階層が多く社長の指令が徹底しにくかったのと、生産部長の能力不足である。その両方が一挙に取り除かれたので、生産はみるみる上昇しだした。

しかし、外野がうるさかった。外部のいろいろの人たちから、こうしたアミーバ的組織（＊2）はいけない、という批判や忠告を相当うけたのである。

組織理論には暗い社長は迷いはじめた。そして、たった三カ月で組織を変更し、ふたたび生産部長をつくったのである。しかし、適任者はいない。やむをえず、不適任と知りつつ任命した新しい生産部長のもとで、生産は下がっていったのである。

理想的な形態の組織をつくることはやさしい。しかし、そこに人をあてはめることは容易なことではない。人が不適任であったなら、組織はいくらりっぱでもなんにもならない。結果においては、その部門が欠けているのと同じだからである。こんな簡単なこともわからずに、公式論を押しつける人の脳ミソはいったいどのような構造になっているのであろうか。

理想がどうであれ、公式論がどうであれ、会社の目標を達成するのに、〝わが社の実情〟に合った組織はどういう形をとればよいか、を考える以外にないのである。極言すれば、形はどうでもいいのである。組織論にうたわれている組織どおりのものをつくれば、会社が発展するのであれば、つぶれる会社はないはずである。

組織に定形なしの見本として、T製作所がある。資本金一億一、〇〇〇万円、従業員四〇〇名で、タバコ包装機や各種の商品包装自動機械の専門メーカーである。

この会社には、部課長制がなく、経営者グループと従業員グループがあるだけである。観念論と形式論の強いわが国の産業界では、まったくの異例である。

この会社としても、はじめから部課長制がなかったわけではない。部課長制を廃止したのは、昭和三七年以来である。長を廃止したかわりに、営業、研究、倉庫など、各グループ別にリーダーを任命している。経営者側は、各役員が総務、業務などの部門を直接担当している。これでうまくいっているのである。

成果をあげているのは、異例の組織のためではない。社長の「企業は生活協同体である」という哲学のためである。この哲学が異例の組織という形にも表現されているのである。

会社は生きものである。経営者の哲学をはじめ、人その他いろいろな要因が、合成されている複雑な有機体である。公式論のみで云々すること自体がおかしい。

本田技研の鈴鹿製作所では、工場長の下に、副工場長も部長もいない。いきなり二〇数名の課長がついている。これも公式論からみたらおかしい。

このような実証をみせつけられると、筆者は、公式論どおりの組織ではだめである、かたやぶりの組織でなければ会社は成長しない、という逆説をふりまわしたい誘惑にかられるのである。暴論を承知のうえで。

4・3 バランスのとれた組織ではダメ

組織は、バランスのとれたものでなければならない、という考えがある。今坂朔久氏は、これを簿記会計的な思考の魔術とよんでいる。貸借は必ずバランスしなければならないという考え方が、経営体内のいろいろな考え方や活動に悪影響をおよぼしていることをいっているのである。

バランスということばは、ほとんど無条件で人を納得させる不思議な魔力をもっている。

バランスした組織とは、なんという保守退嬰的な考え方であろうか。

すぐれた会社、成長する企業は、組織面だけでなく、いろいろな面でつねにバランスをやぶって前進している。アンバランスが成長途次の姿なのである。

伸びざかりの子供が、手足ばかりヒョロヒョロと伸びるというようなことがあっても、それはアンバランスな状態ではあるが、べつに病気でもないのと、まったく同様なのである。子供も会社も、成長の度合が大きければ大きいほど、アンバランスの状態も大きいといえよう。

体のバランスのとれた大人は、もはや成長の望みはない。バランスのとれた組織を固執しようとしたら、成長を犠牲にしなければならない。それでいいのだろうか。

アンバランスの状態は、それが病的なものでないかぎり、たくましい成長力の象徴なのだ。すぐれた経営者は、かぎりある会社の力を一点に集中する。当然のこととして、組織はアンバランスになる。見かけ上の八方美人的組織では、激しい競争に勝ちぬくことはできないであろう。よい組織とは、バランスのとれた組織ではない。目標を達成するために、重点に力を集中した、あるいは集中できる組織である。このような組織は見かけはアンバランスである。

会社の成長を、組織のバランスという面からとらえれば、目標達成のためには、まず意識してバランスを崩し、これをバランスさせ、バランスしたかしないうちに、またつぎの高い目標をたてて、バランスを崩す。という、バランスとアンバランスの循環であるといえよう。

このように、組織を動態的にとらえるのがほんとうであって、もしも、つねに組織のバランスのみを重点に考えるならば、その会社の将来はもはや灰色である。

バランスを意識してやぶり、つぎにそれをバランスさせよ。そして、またもそのバランスをやぶれ。それが成長への道なのだから。

4・4 責任と権限は等しくない

伝統的な組織論に必ずでてくるのが、「責任と権限は等しくなくてはならない」という考え方である。

これも、簿記会計的思考の魔術である。この思想は、ほとんど憲法的な力で、深く企業体のなかに浸透している。ほとんどの人が、なんの疑いももたずにこれを信奉している。

ところが、これが経営者をノイローゼにし、働く人々の魂を腐らせる毒薬であり、責任のがれの大義名分に利用されるのだ。しかも、これに気づいている人が驚くほど少ないのは、いったい、いかなる理由によるものだろうか。「責任と権限は等しくなくてはならないのであるから、仕事の責任をとらせるときには、これに見合う権限をあたえなければならぬ。権限をあたえずに、責任をとらせることはできない」というようなことは、いかにも、もっともらしい。こうした主張をする人は、現実にこのような考え方が成りたつものかどうか、一度でも考えてみたことがあるのだろうか。

責任と権限は等しくなくてはならない、とするならば、等しいことをはかる物差が必要である。物差がなければ、等しいかどうかを客観的に証明できないからである。

では、いったい、その物差は何であろうか。残念ながら、この物差はまだ発見されていないのである。将来も永久にないであろう。客観的物差がないとすると、何ではかったらいいか。主観ではかるよりほかに道はない。

上役は部下に権限をあたえていると思いこみ、部下は権限をもらっていないと主張する。権限を十分もらっていないから、責任を果たすことができない、といういいわけができる。怠け者にとって、こんな都合のよいことはない。たとえ怠け者でなくても、最後にはこれで責任回避ができることを知っているから、責任感がうすれ、努力もほどほどにするということになる危険がある。〝愚者の楽園〟とは、こういうことをいうのであろう。

悪いのは、つねに部下に権限を十分にあたえない上役である、ということになる。上役の上役というぐあいに、最後には経営者が悪いということになる。こういう批判をたえず聞かされる経営者は、たまったものではない。

これでいいのだろうか、経営の役にたつだろうか、仕事がうまくいくだろうか、人間関係がよくなるだろうか。筆者が毒薬であるときめつける理由がここにある。

では、いったい、責任と権限はどう考えたらいいのだろうか。

これについて、今坂朔久氏著『マネジメントへの提言』の中から引用してみよう。

カリフォルニア大学の経営心理学者として、あるいは組織理論家として有名なメイソン・ヘアー教授は、経営においてある地位の権限は、その地位に付随する責任と釣り合うべきものであるという考え方は、組織理論の神話ともいうべきもので、最もガンコにくり返されている迷信の一つであるというのである。

たとえば、われわれ人間の一般の社会生活で考えてみよう。最も典型的な家庭生活における親子の場合を考えてみると、親は子を育てる非常に重い責任をもっている。しかるに、この重い責任に見合う権限をはたして親はもっているであろうか。子がおいたをしたからといって、お尻をたたくことがそれに見合う権限なのか。あるいは、命じたお使いに行かなければ、晩のご飯は食べさせませんというこことが、それに見合う親の権限なのか。嫁入りまえの娘をもつ親の権限とは、いったいなんであろうか。けっきょく、親には大きな責任だけはあっても、なんの権限もないと表現してもよいのではないだろうか。

同様なことが、われわれの日常の社会生活にはずいぶんあるものである。隣人として、市民として、信者として、あるいはクラブ員としての生活においては、権限よりも責任のほうがはるかに大きいという例は数多くある。それなのに企業の経営社会だけは、責任と権限は相等しくなければならないというのは、なぜなのだろうか。そもそもいったい、責任と権限を等式化しなければならない必要性がどこにあるのだろうか。

一歩ゆずって、かりにあるとしても、いったいどうして責任と権限が相比例することを測定できるであろうか。メイソン・ヘアー教授はここでセールスマンの例を引用して説明している。たとえば、あるセールスマンの受持ち区域とか責任売上げ台数とかが二倍となったとしたばあい、彼の権限は倍増されるであろうか。もし権限が二倍になるとしたら、どうすればそうなるのであろう。交際費を二倍に使うことができるようになれば、権限が倍化したというのか。旅費交通費の予算が倍になれば

よいというのか。おそらく、経営が苦しくなって、いままで以上に努力しなければならないとするときは、むしろ交際費や旅費を節約して売上げだけは二倍にすることをタスクとされることすらあるのが現実ではないか。このように考えれば、責任権限平衡の原理などは、まったくナンセンスとなる。

この、ナンセンスきわまる考え方が正しい考え方として、耳にタコができるほど、くり返されているのだ。

この論文にあるように、われわれの社会生活そのものが、常に責任のみ重く、権限はほとんどないのである。これが常態なのだ。会社も社会の一つであるからには、この状態からのがれることはできないのが当然なのである。

社会生活において、責任のみ重く、権限はなくとも責任からのがれることはできないのと同様に、会社の組織のなかでも、責任のみ重く、権限はなくとも責任をのがれることはできないのである。権限があろうとなかろうと、責任は果たさなければならないのが、社会の一員として、また会社につとめるもののツトメなのだ。この義務感、責任感がなければ、たとえ権限をもっていても、責任を果たすことはできない。責任と権限というものは、こうしたものであり、それは理論的なものではなくて、倫理的なものなのである。

これでは立つ瀬がないではないか、と思われる人もおられると思うが、そのとおりなのである。それでも、われわれは責任を感じ、これを果たさなければならないのだ。その理由はただ一つ、〝生きるため〟なのである。ひいては、会社を存続させ、発展させ、社会生活を維持し、向上させることになるのだ。これが生きがいでもあると筆者は信じている。

4・5 責任のみ押しつけて、権限をあたえないのはあたりまえ

「責任のみ部下に押しつけて、権限をあたえないのは悪い上役である」という主張は、経営を知らず、仕事の本質を知らぬものの観念論である。

上役が部下に仕事をまかせるばあいに、あらかじめどれだけの権限をあたえたらよいか、部下に課した責任を果たさせるために、どれだけの権限がつり合った権限であるかをきめることは、不可能なことであることは、前述したとおりである。

とくに、その仕事が重要なものであるほど、また、革新的、創造的なものであればあるほど、あらかじめどのような権限をあたえたらよいかわかるものではない。これらの仕事は、多くのばあい、過去に経験しない事がらと取り組むものであるだけに、どのような事態が発生するのか、予測することはむずかしいのである。予測できない事態に対して、もれなく権限をあたえることは不可能なのである。

あらかじめ権限をあたえられるのは、過去に経験した標準的な事がらや、くり返し仕事についてである。つまり、会社にとってあまり重要でない事がらについてである。

いまかりに、百歩をゆずって、あらかじめ権限をあたえなければいけない、と仮定してみる

と、こんどは、とんでもないことになる。

将来予測されるあらゆるばあいを考えて、もれなく権限をあたえられるほど、上役、とくに経営者はヒマではない。経営者はつねに忙しい。それが、革新的、創造的な、すぐれた経営者であればあるほど忙しいのである。部下にもれなく権限をあたえるためには、経営者として最もたいせつな仕事を放棄しなければならなくなるのである。

部下に、責任に見合う(?)権限をあたえることに時間をさくヒマのあるような経営者こそ、じつは問題なのだ。

そうした経営者は、前向きではなく、後向きだからだ。経営者としての責任を自覚していないし、経営者としての責任を果たしていないのである。

ああ、それなのに、従来の責任権限論は、すぐれた経営者の態度をなじり、会社を発展させることができないような、部下のほうばかり向いているデクの棒的経営者をすぐれた上役の態度であるとしているのだ。筆者が、経営を知らぬものの観念論であるというのは、ここである。

あなたは、部下のほうばかり向いている経営者と、つねに前向きの経営者と、どちらの経営者のもとで働きたいと思いますか。

4・6 権限は上役から獲得するもの

責任権限に関する方程式は誤りであり、上役があらかじめ権限をあたえるようではダメであることはわかった。だから、もう権限があるとか、ないとかの議論に、たいせつな時間を空費するのはやめよう。そして、理屈ぬきで仕事をしよう。責任を果たそう。

しかし、だからといって、権限が何もなければ、じっさいに責任を果たすことができないことはたしかだ。進退きわまれり、いったいどうしたらいいのだろうか。

職務を遂行するときは、権限の有無は考えずに、まず、責任を果たそう、仕事をやりとげようと決意することだ。決意こそ事をなすための原動力なのだ。

この決意から生まれる行動の過程で、必ずいろいろの決定にせまられる。その一つ一つの決定の段階で、すでにあたえられている基本的な権限の範囲内で、それを自分が決定していいかどうかを考えてみるのである。

そして、権限がないと判断したら（この判断がたいせつ）、具体的事項について、「これこれの権限をもらいたい」と上司に要求するのである。つまり、権限は具体的な事項について上司から獲得するものである。具体的なことならば、上司はそれについて権限をあたえるか、あるいは上司の責任で決定すべきかをきめられるのである。

権限はあたえられるもの、という受身の態度ではなくて、積極的に上から獲得するという態度がほんとうなのだ。上司も、平素から部下にたいして、上司が部下に要求するのは結果である。上司の求める結果を実現する過程で、具体的に権限がないと判断したら、ほしい権限を申し出よ、という教育をしておく必要がある。われわれは、権限があたえられていないことを理由にして、責任をのがれることはできないのだ。

では、なぜ、これほどまでにしなければならないのか。その理由は、上役が前進するための時間を生みだすために、上役の仕事を部下が引きうけるのである。

係長は課長の仕事をうばって課長をヒマにし、課長はヒマになった時間で、部長の仕事を引きうけ、部長は社長の仕事を代行して、社長が前進するための時間をもつことができるようにするためなのだ。部下は積極的に上司の仕事を奪え、それが部下のほんとうの任務なのだ。

4・7 権限を委譲するのは部下に仕事をさせるためではない

こんどは上役の立場から、部下に権限を委譲する（筆者は、このことばはあまりすきではない）ことを考えてみよう。

「権限の委譲が、十分かつ適切に行われないと、企業目的を遂行するのに非常に能率が悪い」なんてのは、愚論である。あるいは、「部下を働かせるには、部下に権限を委譲しなければならない」などは、部下のために上役があるような口ぶりである。部下のために上役があるのではなく、上役のために部下があるのだ。本末顛倒である。

「部下のために」、「部下は」、「部下から」など、部下のことばかり考えていれば上役はいいらしい。下向け、下向けというのだ。たいせつなことは、下を向くことでなくて、上を向くことなのである。これからの組織論、管理論では、「上役のために」、「上役は」、「上役から」というふうに、上向きにならなければならない。〝企業目的を達する〟ためには、下を向くまえに上を向かなければならないのは、わかりきったことであるのに、なぜ、これがほとんど論じられないのであろうか。

では、上向きの、そして前向きの権限委譲とはどのようなものであろうか。……それは、経営者（経営担当者も同様）が、前に進むための時間を生みだすために、部下に権限を委譲するのだ。これがほんとうなのである。

前進する以外に、生きる道のないのが、企業の宿命なのだ。もしも、経営者が部下に仕事をまかせなければ、日常の仕事に足をとられて前進できない。前進するためには、部下に仕事をまかせる以外にない。部下が必要なのは、ここに真の理由があるのだ。

社長は、前進する時間を生みだすために、部長に仕事をまかせ、部長は社長からまかされた仕事を遂行するために、いままでの自分の仕事のうちの一部を課長にまかせなければならないのだ。課長も係長も、考え方は同じである。

このように、順々に上から下への権限の委譲があって、会社は前進できるのだ。

ワンマン・コントロール（ワンマン経営者ではない）が悪いのは、むしろ上司がなにもかもコントロールすれば、その上司は、前へ進む時間をもつことができなくなるからであって、部下が仕事をしなくなる（これもほんとうの理由ではあるが）ということではないのである。このように考えることが、前向きの態度なのである。

4・8 責任の範囲は明確にできない

「責任の範囲を明確にきめなさい」という主張には、だれも反対はしないであろう。ところが、これがまたまた、責任のがれの伝家の宝刀として利用されているのが現実なのだ。

この考え自体がまちがっているのか、解釈が悪いのか、悪用する者の罪なのか。考えてみることにしよう。

いったい、どのようにして責任の範囲を明確にきめよ、というのか。

いわく、組織を確立せよ、職務分掌をきめよというような、判で押したような答しかえられない。はたして、このようなものがあれば、責任の範囲が明確にきまるものであろうか。もし、そうだとするなら、なんの苦労もいらないのだが。

組織や職務分掌というものは、野球にたとえれば、守備位置と、わかりきった守備範囲をきめるようなものである。ただそれだけなのだ。それ以上の何ものでもないのである。

いったい、どのような規定をつくったら、一塁手と二塁手の守備範囲を明確にきめられるというのか。その境界線に、あらかじめ線をひくことは不可能なのである。

責任の範囲を明確にきめることは、一塁手と二塁手の守備範囲を線をひいて区分することが不可能であると同様に、不可能なことである。はじめから、できない相談なのだ。それをやれというのだ。現実ばなれの空論でなくてなんであろうか。

明確にきめられるのは、あくまでも、基本的な事がらのみなのだ。むろん、これは必要である。野球でポジションをきめ、標準的な野手の位置をきめるようにである。

しかし、これだけでは現実の仕事のなかで問題なく処理できる事がらは、きまりきったくり返し業務だけなのだ。野球でいえば、野手の正面付近に打球が飛んだ場合のようなものだ。こんなときは、その野手だけがエラーをしなければ何も問題とはならない。

問題なのは、たとえば、一塁手と二塁手の中間に、どちらの守備範囲ともきめられないところに打球が飛んだばあいなのだ。このときに、守備範囲が明確にきめられていないから処理できない、と一塁手と二塁手がいったとしたら、監督はこういう選手はクビにするにきまっている。じつは、ほんとうにたいせつなのは、このような事態でそれをどのように処理するかである。一歩誤れば、ヒットにされるからである。会社の業績を低下させるからである。

野球では絶対にゆるされないことが、会社のなかでは、「責任範囲が明確にされていなかった」ということで、公然と許される。いや、それをきめなかった経営者が悪い、上司が悪い、ということになる。

これが、責任範囲明確化論の罪悪なのである。筆者は、自身の体験と、職業がら多くの会社をみて、ヒシヒシと、責任範囲明確化論の悪業のおそろしさを感じるのである。

会社のなかの問題は、責任や権限を明確にきめないからおこるのではなくて、明確にしたくともできない個所におこるのである。

では、いったいどうしたらいいか……。

一・二塁間に飛んだ打球は、両者とも必死になって、これを処理しようとする。それが両者のつとめだからだ。

会社の仕事でも、まったく同じである。どの部門で処理したらいいかわからない問題でも、問題に関係のありそうな人や部門はわかるのである。これらの人々が期を失せず協議し、判断し、決定するのだ。これ以外に解決の道がないのが現実なのだ。あるときは分担し、あるときは一人が責任をもち、他はこれを応援する、というふうにである。二塁後方に上がったフライに遊撃手、二塁手、中堅手は三人ともこのボールを追う。こうした場合は、だれかが処理の意志表示をする。あるいは、上司や同僚のタイミングのよいアドバイスできめるときもあろう。これと同様である。

野球チームのメンバーは、責任範囲が明確にきまっていないことなど意に介せず、ひたすらチームのために協力し、その場、その場で全力を尽すのである。

会社でも、これとまったく同じことがいえるはずなのに、それをやらないようならば、それは責任範囲明確化論にも、大きな責任がある。とにかく、理屈はぬきにしよう。われわれは生きるために、協力しなければならないのだ。ひたすら、成果をあげるために行動しよう。たいせつなのは、〝われわれの意志〟であり、〝決意〟なのだ。

4・9 統制の限界は部下の数ではない

組織の原則に〝統制の限界〟というのがある。「一人の人間が監督できる部下の数はごく少数である」というのだ。これも根強くくり返されている迷信である。

その根拠は、グレイキュナスの定義であろう（115ページの公式）。これでゆくと、〈表1〉のようになる。このように、部下の数が一人増すごとに、人間関係の数が急激に増加する。多くの人間関係を処理するのは容易なことではないから、七～八人ぐらいが限度である、いや四～五人が限度である、というような議論をしている。

どうも、一〇〇とか一、〇〇〇とかの数字（人間関係の数）にとらわれた議論らしい。これらの数字に何も科学的な根拠がないのはわかりきっている。

われわれは、こんなものにまどわされる必要は少しもない。部下の数が一一人から一二人と一人ふえると、人間関係が一〇、〇〇〇以上ふえるなんてことが、じっさいには、ありえないことは、考えてみるまでもない。この計算は、〝おこりうる組み合わせの数〟を計算したものにしかすぎないのであって、じっさいには、こんな関係が全部おこるのではないし、また同時に発生するわけでもない。

これらのうちの一部が発生するのであり、しかも、発生したものが全部、じっさいの仕事に影響するわけではない。じっさいの仕事に影響するような人間関係は、部下の数が三人の部門が一〇人の部門より多いということもあることをわれわれは知っている。

知っていながら、これにまどわされる。これが数字のトリックなのである。

だいいち、部下の監督の難易は、部下の数だけでなく、多くの要因がある。部下の数だけを要因としてとりあげること自体がナンセンスなのだ。

筆者は、多くの経営者や経営担当者に面接するが、「部下の数が多すぎて仕事がやりにくい」ということを聞いたことは一度もない。

筆者自身も、会社のなかで最も多忙な外注課長をやっていたときに、一七人の直接の部下をもったことがあるが、部下の数が多すぎて監督ができずに困ったことはない。

まえにあげた本田技研の例にもあるように、工場長が二〇人以上の課長を直接指導して、うまくやっている、これら多くの実例を、統制の限界論者はなんと説明するか、おたずねしたいものである。というより、自分でご経験なさることをおすすめする。

上司が、じっさいに困っているのは、部下の数が多すぎるからではなくて、「やるべき仕事が多すぎる」ので困っているのであり、あきらかに、「仕事に比較して、部下の数が少なすぎる」ために困っているのだ。

部下の数は、統制の限界(Span of Control)ではなく、管理責任の範囲(Span of Managerial

$$r = N\left(\frac{2^N}{2} + N - 1\right)$$

ただし、r……人間関係の数、 N……部下の数

表 1　部下の数と人間関係

部下数	2	3	4	5	6	7	8	9	10	11	12
人間関係の数	6	18	44	100	222	490	1,080	2,376	5,210	11,374	24,708

Responsibility）なのである。

管理責任の範囲とは、〝部下の者がそれぞれ自己の目標を達成できるように、指導し、監督できる範囲〟である。これは経営担当者の能力や、部下の能力責任の大小など、さまざまな要因によって、大きく変動する。であるから、具体的な状況を調べずに、部下の数を云々することはできないのである。一般的にいえることは、管理責任の範囲は階層が上になるほど広くなっていくということだけである。

いずれにしても、統制の限界論から導きだされる部下の数は、管理責任の範囲よりはるかに小さい。そのうえ、さらに部下の数は少なめがよいというのだ。その結果、経営担当者は、じっさいの能力よりも比較にならないほどの少人数しかあたえられないで、そのために部下の仕事を横取りしたり、干渉したりすることになる。それだけではない。いたずらに階層を多くし、部課の数を多く

するという組織の複雑化をまねいているのである。

われわれは、このようなバカらしい〝統制の限界〟などという亡霊に悩まされずに、〝管理責任の限界〟を考えて、部下の数をきめるという認識をもつべきである。

そして、部下の数は少なめよりは、むしろ多めにするのがほんとうである。このようにすれば、階層が少なくなり、部課の数が少なくなって、組織がすっきりと風通しがよくなると同時に、上司は部下の仕事の内容にまで立入って干渉したり、部下の仕事を奪ったりしているひまがなくなる。いやでも部下に仕事をまかせなければならなくなる。

さらに、もっとたいせつなことは、能力以上の重荷を負わされた経営担当者は、これをやりとげるために、大きな努力をしなければならない。そこに、すみやかな成長が期待される。もしこの期待に答えられないような経営担当者は失格である。そのような経営担当者をさらに上級の階層に上げることなど、思いもおよばなくなる。統制の限界論による上級の階層ならば、いまとたいして変わらず、なんとかやっていける人も、管理責任がいまよりもずっと広範になる上級の階層には、とても上がれないことは、だれの目にもあきらかだからである。

4・10 同質的な作業割当てという亡霊

これも、組織原則の亡霊の一つである。非常に多くの人々が、この亡霊にとりつかれて苦しんでいるにもかかわらず、それに気がついていないところが、亡霊の亡霊たるゆえんであろう。同質的な作業とは、いったい何なのか、すでにこのへんからして、ボーッとしている。ここでドラッカー氏にご登場願うことにする（『現代の経営』）。

関連する技能をまとめることによって職能組織をつくり上げるという考え方は、職能組織の本来あるべき姿――つまりそれが、経営過程の段階ごとの組織でなければならないということ――を全く閑却しているものである。この誤った考え方は、〈関連技能〉による職能組織の典型である経理部および技術部にもっともよく表われている。これらの職能組織は、どこの企業でも余りうまくいっていない。典型的な経理部は、企業の他の部分といつも摩擦を起しているし、典型的な技術部は、自己の目標を設定し、自己の業績を測定する際に、いつもやっかいな問題をひき起している。これらのことは決して偶然なことではないのである。

典型的な経理部は、少くとも三つの異なった職能をもっている。それらの職能は、同じ基礎資料を用い、また同じような〈計算能力〉を必要としているという理由で、ひとまとめにされているのである。

経理部の職能としては、まず第一に各経営担当者の〈自己統制（セルフ・コントロール）〉を可能ならしめるような〈情報（インフォメーション）〉の提供がある。第二に会社財務および税務がある。第三に記録をとったり保管したりする事務がある。そして通常この記録事務に付随する第四の職能として、所得税や社会保険の源泉徴収その他、繁雑きわまる政府代行事務がある。ところで、これらのさまざまな機能の基礎に横たわる理論や諸概念は、決して同じものではない。一つの職能――たとえば、財務会計――について用いられる概念を、そのまま他の職能――たとえば、経営担当者に対する情報の提供――にもあてはめようとすれば、経理部内に果しない論争が生まれるばかりでなく、他の部との摩擦も起ってくる。

典型的な技術部についても同じことがいえる。この部の職能としては通常、長期的〈基礎研究（ベーシック・リサーチ）〉、〈製品設計（プロダクト・デザイン）〉、〈管理技術（サービス・エンジニヤリング）〉、〈工具設計（ツール・デザイン）〉、〈設備技術（プラント・エンジニヤリング）〉等のほか、〈保全技術（メンテナンス・エンジニヤリング）〉や〈建築技術（ビルディング・エンジニヤリング）〉等のごとき仕事も含まれている。そしてこれらの職能を担当するさまざまな専門家の中、一部は〈革新（イノベイション）〉に、一部は〈市場活動（マーケッティング）〉に、一部は〈製造（マヌファクチュアリング）〉に、一部は〈固定資産の管理〉――つまり、財務活動――に関与しなければならない。

右のさまざまな職能の共通点といえば、ごく基本的な〈用具（ツール）〉を共用しているという点だけであり、技能の面での共通点は、ほとんど無にひとしい。各職能のどこかに〈技術（エンジニヤリング）〉という言葉が入っているという、ただそれだけの理由で一まとめにされているため、技術部の職能は子供の玩具箱をひっくり返したように収拾のつかないものになってしまっている。つまり、技術部ではだれ一人業務遂行の明確な基準をもたないし、また何を期待されているか、だれのために働くか、といったことすらも知りえないでいる。

現に、多くの大会社で、技術部組織の徹底的な再検討が行われている。それらの会社は、用具の共用よりは、仕事の論理にしたがって、技術的な各職務をそれぞれの本来あるべきところに帰属せしめようとしている。また、それらの会社では、伝統的な会計職能の分割も着々と進行している。つまり、

もはや個々人の技能や限界とは関係なく、もっぱら仕事の論理にしたがって、会計職能を必要なところに分属せしめようとしているわけである。これらのことが、一日も早く行われれば行われるほど、その事業の組織はヨリよいものになるのである。

以上は大会社の組織上の問題ではある。しかし、アメリカの大会社の組織理論の大部分を直輸入して、マネジメント業界で指導されている日本では、企業の大小をとわずに、このような事態が、いたるところにおこっているのである。

さらにいけないのは、同一部門のなかにおいても、技能や作業の関連をみて、このような考え方をしているためにおこっている多くの混乱である。

ある中企業の外注課の実例をあげてみよう。

外注課の内部は、計画係、推進係、記帳係という業務分担になっていた。まさに間然するところのない、同質的な作業割当てである。しかし、その内情はどうであったろうか。

計画係は、協力工場の実情をよく知らずに発注する。推進係は、他人の発注したものを督促するのが仕事で、なんの自主性もない。記帳係は、伝票を一手引き受けで、大車輪の記帳にあけくれていた。計画係と推進係の連絡はうまくとれず、推進係は、いつも計画係の実情を無視した発注に苦しめられどおしである。そのうえ、推進係は記帳係の部品カードを見ても、自分に必要なものの記帳が遅れていることがしばしばなので、自分でメモをとる、これが私製帳簿に進化していく。一貫して仕事をみるものはおらず、欠品があっても、いったいだれの責任なのか、どこを改善すべきか、まったくわからない。そして、いつ果てるともしれない混乱をくり返していたのである。

これが、同質的な作業割当ての正体である。作業としては、たしかに同質的になっている。しかし、外注業務としての仕事は寸断されているのである。これでうまくいったら不思議である。

その混乱を救ったものは何であったか。それは、計画係、推進係、記帳係を廃止して、外注係だけとし、課長の発注指示書にしたがって、外注係自身が発注し、推進し、記帳するという一貫方式であった。異質作業を統合した一連の業務の分担なのだ。

同質作業のみを集中すると、その作業自体の能率化ははかれる。しかし、個々の作業がうまくいくことと、仕事の流れがスムーズにいくことは、まったく別なのである。いや、逆に仕事の流れを乱すことになるのだ。仕事というものは、異質作業の連結なのだ。その連結を、同質作業なる名目によって、ズタズタに切りはなしてしまう。担当者がちがうと、その間は必ず連絡が悪くなる。これをよくすればいいというのは観念論である。これをよくするようにつとめたら、自分の仕事ができなくなる。現実とはそういうものなのだ。

統合された一連の業務を担当させれば、横の連絡は、その業務に関するかぎり、不要になる。そのうえ、担当者は、自分の業務について責任をもつことができるし、業績の判定も容易にできるのである。一連の業務を統合して、それに責任をもつことによって、人は働く意欲も強くなり業績を判定されることをのぞむのは、人間として張りあいがあるのである。くり返していう。仕事の成果をあげるためには、統合された一連の仕事を担当させなければダメである。同質的な作業割当てなどは、仕事の流れを無視し、人間性を無視した観念論にしかすぎないのだ。分業というものが、組織のなかで必要なのは論をまたない。要は、分業のやり方なのだ。仕事をやたらに分断してはいけない。どうしても、これ以上は細分できない一連の仕事――それは、担当者が仕事の成果に責任のもてるもの――がボーダーラインなのだ。

けれども、もっとたいせつなことは、どうしたら、より大きな一連の統合された仕事をさせることができるかを、つねに考え、これを勇敢に実施していくことである。こうすることによって、人はますます責任を感じ、仕事の成果は上がり、その仕事の過程で能力の向上が期待できるのである。現場作業でも、最近コンベアによる分業が批判され、作業の統合が行われてきたではないか。

さらに別の面から、同質的な作業割当ての罪悪をあげることができる。

それは、〝統制の限界〟やライン・スタッフ論の考え方と合成されて、組織は細分化され、職能は専業化し、人員がふえていく。大企業ならともかく、中小企業では、管理部門の人員が加速度的に増加していくことは、ほとんど大部分のばあい、それは会社の業績低下につながる。

……いわゆる管理部門肥大症である。

会社の管理部門は、すべての部門が同時に忙しいということは、あまりないことであり、ある特定の部門だけ常時大多忙ということもないのが普通である。

ある特定の部門が、特定の時期だけ大多忙という状態が多いのである。こういうばあいに、他部門の人員が、サッと応援するか、正式にプロジェクト・マネジャー制をとることができれば問題はない。

しかし、なかなかそうはいかない。他部門への応援はなかなか円滑にはいかないし、たとえ応援しても、なれない仕事はかえってとまどうので、応援してもらうほうでも必ずしも喜ばない。

こういう事態をうまく処理していくためには、部門や担当をあまり細分化せずにおき、その経営担当者が、その時々の状況に応じて、編成をかえてこれに対処するのである。こうすれば、管理者は部下をたくさんもつことができるので、人員不足の悩みも相当解消されるだけでなく、仕事の段取りや、部下をつかう能力が高まり、部下もいろいろな仕事を経験して、これをこなす方法を覚えていく。最近、日立製作所や東洋レーヨンが部課の大幅な統合を行っているのは、この実証である。こうすれば全社的には管理部門の人員が減少し、仕事は能率化するのである。

一〇〇人や二〇〇人の会社で、庶務係と労務係が分かれていたり、工程計画と日程管理が別の係であったり、生産技術係と治具設計係に一人ずつしか担当がいなかったり、という例を筆者は数多く見せつけられているのである。

中小企業では、一般論よりも、むしろ、どうしたら最も効率よく仕事をやれるかを常識的に考え、知恵をはたらかせることのほうがたいせつなのである。仕入れた知識を、ろくに考えもせずに採用していくのは、かえって効率を悪くするのである。

4・11 仕事の流れを悪くする職務分掌

「責任と権限を明確にせよ、しからば仕事はうまく流れん」というありがたいお題目によって、これを実現しようとして生まれたのが職務分掌規定というものらしい。

けれども、職務分掌規定によって、仕事上のトラブルが解決されたという会社は、残念ながら私の狭い見聞ではないのである。職務分掌規定なんてものは、そのなかの固有名詞をかえ、会社の規模にしたがって、部課を増減するだけで、どこの会社にもそのまま通用する。汎用機というものは、いろいろな作業はできても、どの作業も能率的にできないように、どんな会社にでもあてはまるような規定は、どの会社に適用しても、たいした役にはたたないものである。役にたたないだけならまだいい。逆にいろいろなトラブルをひきおこしているのだ。

ある会社で、購入品や外注品は、検査課で受付けて、合格品が倉庫に搬入されるという仕組みになっていた。この会社で、あるコンサルタントの指導のもとに、職務分掌規定をつくったのである。ところがそれを実施したとたんにトラブルが発生した。

検査ずみの品物を倉庫へ搬入するのに、職務分掌規定では、検査課は品物を検査することはうたっている。しかし、合格品を倉庫へ搬入することはうたっていない。だから、これは検査課の仕事ではない、というのが検査課のいいぶんである。むろん倉庫課の職務にも、検査ずみの品物を、検査課から倉庫へ運搬するということはうたっていない。倉庫課では、「うちは現場へ品物を運搬している。それと同様に検査課は倉庫まで品物を運ぶべきだ。だいいち、何が、いつ検査ずみになったかわからぬものを、いちいち検査課にうかがいをたてて運ぶようなことができるわけがない」というのだ。宙に浮いた品物は、いったいどうなるのだ。

現場と検査の間でも、同じような言い合いがはじまった。検査では、手直品は現場の責任であるから、現場の人間が検査課から引き取るのが当然だ、という。現場では、また「こちらは品物をつくるのが役目だ、数のうちには不良品もでる。それくらいは検査員が現場まで運ぶくらいの親切があってもいいじゃないか」という。これに解答をあたえてくれるきまりは、職務分掌にはないのである。いや、職務分掌などないときは、なんとなくすんでいたことも、なまじ、きまりをつくったために、こういうイザコザがおきたのである。

けっきょくは、両部門の長の力関係によって、弱いほうが運搬を受持たされて、めでたく(?)解決したのである。けれども、これは根本的な解決ではない。異動でもあって、長の力関係が逆になったばあいには、いままで屈服していたほうが、〝好機いたれり〟とばかり逆襲に転じるからである。このバカバカしいような話は実話なのである。

このようなトラブルを未然に防ぐような配慮をした職務分掌は、筆者の知るかぎりではない。これが職務分掌規定の欠陥なのだ。

もともと、職務分掌規定というものは、部・課・係というように、それぞれの部署別に、やるべき職務なり、業務なりを規定したものにしかすぎない。

ところが、仕事というものは、一つの部署だけで片づくものではない。各部署をつぎつぎと渡り歩き、あるいは分かれ、あるいは合流する。そしてそこには必ず伝票と現物がある。その伝票の処理法において、基本的にたいせつなことはきめず、現物の流れや、取り扱いについて、なんのきまりもない。そこで、前述のようなバカバカしいことがおこるのである。

そもそも、職務分掌というのは、各部門の行うべき仕事の種類を羅列しただけのものであって、やり方や、急所を具体的にきめたものではない。これを織物にたとえれば、タテ糸なのだ。タテ糸だけきめても織物にはならない。バラバラである。セクショナリズムが助長されて、仕事の流れがうまくいかないのは当然である。職務権限の明確化という、責任のがれの文句がこれに拍車をかける。これで仕事がうまく流れたら不思議である。

職務分掌規定は職務権限の明確化という、うたい文句とはうらはらに、責任権限は少しも明確化されず、かえって混乱する。

「うちは、どうも横の連絡がまずくて困る」という嘆きをどこでも聞く。講習会にいくと、「会社のなかでコミュニケーションがうまくいかないのは、タテよりもヨコのほうがうまくいかない。だから、ヨコの連絡に気をつけなさい」というようなことを聞く。じつは悪いのではなくて悪くしているのだ。その罪の大きな部分は職務分掌や、統制の限界論や、同質的作業集約論なのだ。

ついでにいっておきたいのは、本当にコミュニケーションが悪いのは、ヨコではなくてタテなのである。方針、目標などがいかに下部に伝わりがたいものであるか、思い半ばにすぎるものがある。またそれについての関心の薄さは寒心すべきものがある。

閑話休題――本筋に話をもどそう。

以上のようなことをいう筆者を、職務分掌不要論者と思われるかもしれないが、そうではない。職務分掌は必要なのだ。ただ職務分掌のみをもって事足れりとしていたのでは、仕事はうまく運ばないということを強調しただけなのだ。

前に述べたように、職務分掌というのは、タテ糸であり、一連の仕事の流れは、いわばヨコ糸である。このヨコ糸をどうするのかを、はっきりときめることである。

こうして、タテ糸とヨコ糸を組み合わせることによって、織物ができあがるのである。

このヨコ糸に相当するものは、従来でもないことはない。〝工程管理制度〟とか、〝図面管理規定〟などはこれである。しかし、これらのものも、仕事の流れをほんとうに具体的に規定しているものは、ほとんどない。とくに、現物の取り扱いについての配慮にはまったく欠けている。

タテ糸だけはしっかりしているけれども、ヨコ糸が弱いのだ。だから、強い織物はできないのである。

ヨコ糸を強く、しかもタテ糸とどのように組み合わせるかを、明確にきめることである。

筆者が、責任や権限は明確にできるものではない、といったのは、会社のなかの仕事の全部にわたってできないということである。とくに新しい仕事や、変化に対応する場合のことであって、そうしたばあいに責任権限が不明確だという理由をつけて、責任のがれや怠慢をしてはいけないという意味なのである。きまりきった日常のくり返し仕事については、はっきりと責任も権限もきめることができるのである。にもかかわらず、そうしたくり返し仕事についてさえも、従来はきわめてアイマイであり、ぬけ穴だらけなのである。責任権限論者は、いうことはりっぱでも、それは口頭禅にしかすぎず、どうしたらそれが実現できるかを、ぜんぜん考えようとしない無責任な態度に、筆者は強い噴まんをおぼえるのである。

では、そのヨコ糸は、どのようなものであろうか、筆者は自己流に、これを〝業務処理規定〟とよんでいる。まず実物をお目にかけたあとに、若干の説明を加えることとする。

ある金属椅子メーカーの話である。悩みの種の一つは修理品や返品である。お得意先から、修理品を、新品納入時に依頼される。工場に直接持ち込まれたり、送られてきたりする。それが、伝票があったり、〝ノー伝〟であったりする。ところが、要修理の現品がいつの間にか行方不明になってしまうばあいが多いのである。得意先から督促をうけても、いつ、どんな型のものを、いくつ受け取ったのかわからない。仕方がないから、どんな型をいくつなのかをたずねて、新品を代品として納める、というようなことが、つねにくり返されていたのである。信用問題と金銭的損失の両方である。これをなんとかしなければならない。そこで、運転手、業務係、検査係、現場責任者に集まってもらって、この問題を討議し、その処理方法をきめたのである。それはつぎのようなものである。

返品処理規定

本手続はあらゆる返品について適用する。

1　現品引取り

1・1　当社で引取る場合

○現品受領者

返品伝票あるものは、返品伝票を、ない場合は現品を受領した本人が返品伝票（正規の伝票ができるまで仕切書を代用し、常時運転手がもっていなければならない）をおこして返品処理係に差出す。

現物は受領した本人が荷札（日付、先方の社名、何個口、その他）をつけて、酸素ビン置き場の横の返品置き場におく。

○返品処理係

返品伝票より返品処理伝票（仮称）をおこし（二部複写とし、正規の伝票ができるまでは製造命令書を代用する）返品伝票とともに工場長に提出する。

1・2　送られてきた場合

○返品処理係

現品と送書をうけとり、現品は所定の位置におき（荷札をつけることは前同）返品処理伝票をおこし、送書とともに工場長に提出する。

2　現品処理

○工場長

現品の今後の処置を決定する。これは返品処理伝票の所定欄で指示する。この伝票は返品処理係のもとに返される。

○返品処理係

返品伝票または送書は、返品伝票綴にファイルする。返品処理伝票は現品とともに検査係へ回付する。

○検査係

返品処理伝票と現品を受取ったなら、現物の開梱と点検を行ない、主な修理個所を所定欄に複写で書き入れる。一部はファイルし、一部は現品とともに製造係へ回付する。

○製造係

返品処理伝票に指定してある以外の個所でも、機能不良部位は修理する。修理完了のものは、使用材料と工数を返品処理伝票に記入し、現品とともに検査係に回付する。

以後の処理は製品と同様となる。

3　一般事項

○各係は現品の引取りをこばむことはできない。

○伝票なしで現品の授受をしてはならない。また、伝票の記載事項は必ず現物と一致しなくてはならない。
○各係の管理責任の転移点は、つぎの係の指定した場所へ、現品と伝票を運搬し終わったときとする。

なんとドロくさい規定ではないか。ところが、このドロくさい規定を実施したとたんに、奇跡のように問題が解決してしまったのである。

各係は、早く自分の責任をのがれたいので、やりかけの仕事をほったらかしてこれをする。現物はアッというまに現場にはいってしまう。現場でも正式の伝票があり、現物も同時にくるので納得し、責任をもって修理をする。万事ＯＫである。

この規定の要点は、つぎのとおりである。

1　仕事の流れと、各担当者の業務を具体的に規定した。
2　現物の運搬と置き場について、その責任を明確にした。
3　管理責任の転移点を明確にした。
4　文章で表現した（これは重要なことである。よく図表化がいちばんよいというようなことがいわれる。たしかに図表化は報告書などには便利である。しかし、このような規定には、文章のほうが明りょうで、しかも理解しやすいのである。とかく文章を冗長不能率な方法であるときめつけたがるが、事がらによりけりである。たとえば、作業改善な

ど で、「五メートル歩いて床においてある品物を、腰をまげてとりあげ」と文章化すると、改善の着眼が明りょうにうかび上がるのである。文章化のほうがいい場合も多いのである)。

ヨコ糸をしっかりしたので、タテ糸同士がしっかりと結ばれ、じょうぶな織物ができたのである。

このように、くり返し業務は明文化できるのであり、すべきである。具体的に何も手をうたずに、仕事の処理がまずいといって部下をしかるのはまちがいである。

会社のなかのいくつかおもな業務について、このような処理規定をつくれば、仕事の流れがうまくいくことまちがいなし、横の連絡の悪さなど、けし飛んでしまう。なお、この規定は、新規に仕事を担当させる人の教育用に、もってこいである。これを教科書にするのだ。

事のついでに、もう一つ実例をあげよう。

ある会社で、物品税(*3)の申告がうまくできず困っていた。そこで、物品税の申告手続をきめた。それは、……

毎月何日までにしなければならないか、どのような帳簿に、どの伝票から何を転記するか。申告用紙の様式、枚数など各欄の記入事項と計算法、検印をうける上役、提出先(税務署名)と窓口No.、控えの保管法などをきめて、これを帳簿の表紙裏にはりつけた。そして、この事務を、入社間もない中学出の女子事務員に教え、まかせたのである。彼女はりっぱにこれをやってのけた。

その後、ある大会社で、大学出の経理マンが四、五名おり、他に女子事務員が大勢いながら、物品税の申告がでたらめで、税務署員に二週間も調査をうけ、さんざんアブラをしぼられている会社をみて、処理規定の威力を再確認したことがある。

4・12 納品書の処理法のまちがい

業務処理にふれたついでに、末端業務で最も重要で、しかも最もまちがいやすい納品書の正しい処理法について述べてみよう。

この処理法をまちがうと、会社の信用を落としたり、取引き先に迷惑をかけたり、税務署ににらまれたりするのである。

それを、ほとんど大部分の人が知らず、重要度の認識もうすいのである。

どこの会社でも、納品書をじっさいに処理しているのは、最末端の人々であるばあいがほとんどである。それらの人々は、何も知らずに自分だけの判断で、まちがった処理をし、いろいろな問題をひきおこしているのだ。

社内伝票の授受は、たとえどのようにまちがっても、それはあくまでも社内の問題である。

ところが、この社内伝票の取り扱いや処理法については、キチンとしていながら、対外的な納品書の処理について、なんのきまりもない会社が、じつに多いのである。なんとも奇妙な現象である。

納品書の処理については、その処理法をハッキリときめておくことこそたいせつなのである。その処理法についての正しい考え方はどうであり、どのように取り扱うべきかを、つぎに述べてみる。

そもそも、会社には必ず売りと買いがある。売買行為を取引きという。取引きというのは、物品や権利の所有権が移転することである。

所有権の移転と同時に債権（貸）と債務（借）が発生する。この債務は支払いで消滅する。この行為を決済という。

所有権の移転と決済は取引きの要件ではあるが、全然性格がちがうものだ。ところが、しろうとには、この二つの区別がよくわからないために、納品書の処理を誤り、いろいろなトラブルが発生しているのだ。

まず売りのばあいである。いまかりに、協力工場に対して一〇万円の材料を有償支給したとする。その代金の決済は、協力工場からの品物の買入れ代金から相殺するというのが普通である。

このさい、材料支給月には、その材料を使用した品物は、材料換算五万円しか納入されないので、材料代を相殺すると、協力工場に支払う分がなくなってしまう、という状況がおこる。

そこで、その月に納入された品物に消費された分に見合う金額だけ相殺して、あとは来月分にまわす、という便法をとる。この便法自体はさしつかえないのであるけれども、このときの有償支給伝票（すなわち納品書）のきり方をまちがってしまうのである。

有償支給伝票を、材料支給の日付で全額をきると、全額相殺されてしまうとして、その日付では五万円だけの有償支給伝票をきり、残りの五万円は締切日後の日付できる、という処理をする人が多い。これがまちがいのもとなのである。

納品書というのは〝所有権の移転〟の証拠書類であって、これによって発生した債権・債務の決済とは、直接関係がないのである。

ところが、締切日というものがあって、期間取引きの計算を行い、これによって、その全額または一部の決済が行われるので、所有権の移転と決済を、直接関係があるように思いこむのである。

ある月に、材料を一〇万円有償支給したということは、一〇万円の材料の所有権が相手方に移ったということである。それなのに、前にあげた例のような処理をすると、有償支給伝票にはその月に五万円の材料しか所有権の移転がなされていないことになる。残りの五万円は、つぎの計算期間（次月または次期）に所有権が移転されたように記録されることになる。これがまちがいのもとになる。

経理の計算は、文字どおり締切日で締切られるのである。問題の性質をわかりやすくするために、これが決算にまたがって行われたものとして考えてみよう。

材料を一〇万円売ったにもかかわらず、売上げは五万円しか計上されていない。五万円は

〝売伝もれ〟なのだ。一方、材料はタナ卸の結果一〇万円分少なくなっているのだ。

もしも、税務署がこれを発見したばあいは、売上げをかくしていると解釈する。脱税行為とみなされるわけだ。担当者の悪意のない、ただし、まちがった処理が脱税とみなされるのである。こう考えてくると、この処理法がまちがっていることがわかる。では、どのような処理をしたらいいのか、ということになる。

それには、まずこのような処理をした原因を考えてみればわかる。それは、〝所有権の移転〟と〝決済〟を直結して考えているからだ。

一〇万円の材料を売ったということは、一〇万円の材料の所有権が先方に移り、そのかわり一〇万円の貸しができたということである。この代金を支払ってもらうのが決済である。ところが、決済は全額を一回にすませるとはかぎらず、分割することもあるのはいうまでもない。一〇万円売ったから、その月に一〇万円決済するとはかぎらないということだ。

納品書は、あくまでも所有権が移転したという事実を証明するものなのだ。

であるから、一〇万円の材料を有償支給したなら、〝その日付で〟一〇万円の有償支給伝票をきればいいのだ。しかし、それでは一〇万円相殺されてしまうではないか、という疑問をもたれるかもしれないが、その有償支給伝票の余白に、「ただし、うち五万円は来月勘定より相殺(来勘回しでもいい)」と書いておけばよい。これを「脚注」という。これで万事、経理課でちゃんと処理してくれる。

逆に、こんどは買入れのばあいを考えてみる。

よくあることだが、取引き先から締切日間ぎわに、翌月納入指定品を、何かの口実をつけて納入してくる。あわよくば、その月の支払いということにしてもらう算段である。ところが、それはできない。といって、断乎として追い返してしまうというわけにもいかない。どうせ来月は買わなければならないのだから、支払いは来月分で、という約束で品物を受け取り、納品書の日付を締切日の翌日に訂正する、という処理をする。これも正式には誤った処理である。

このばあい、じっさいには、資産がそれだけ増加しているにもかかわらず、これを買った伝票、つまり先方の納品書がない。この時点で決算したとすれば〝支出計上もれ〟であって、その分だけ利益がよけいになる。いいかえれば、この支出（損）に対して、税金がかかってくるのである。この場合の処理は、納品書の日付はそのままにして、脚注に「支払は来勘回し」と書けばいいのである。

しかし、このばあい、もし締切日を越さないうちに事故でその品物が損耗したときには、その損失をかぶらなければならなくなる。

筆者は、そうした不都合をさけるために、納入指示日以前に納入したばあいは、じっさいの納入日のいかんを問わず、納入指示日に対応して支払いの対象にする。また、指示日以前の納入に対しては、事故のばあい責任を負わない旨を注文書に明記することをやったことがある。これが担当者ならびに取引き先に対する一種の訓練なのである。

くり返していうが、取引きに関する伝票処理の正しい考え方と方法をしっかりと教えこんでおくことは、絶対に必要である。それが決算にひっかかるかどうかは別として、担当者がやめたり変わったりしたばあいにも、こうしておけば無用のトラブルはおこらないのである。こうした対外的な、かつ金銭に関する業務処理を的確にせず、社内伝票のみ厳重に処理するのは本末顛倒である。

4・13 監督者は重荷を負わされすぎる

ある会社から、監督者訓練についての依頼があった。……

さっそく、その会社に行って、トップの方からお話をうけたまわった。監督者に対する要望やら期待やら、でるわでるわ、聞いているうちにウンザリしてしまった。現場をみせてもらうと、働いている人間はほとんどいない。動いているという感じである。現実はたしかにトップのいうとおりだが、そのような状態にしたのはだれの責任なのだろうか。

いろいろな会社をみて感ずることは、監督者の能力や働きっぷりについて、トップが云々している会社に、ろくな会社はない。ろくでなしのトップほど、監督者のことをあれこれいうのだ。監督者が悪いのはトップの責任なのだ。

だいたいにおいて、従来のマネジメント論は、監督者に対する要望がメチャクチャに多すぎる。そのうちのいくつかをあげてみよう。

1　作業を円滑に進めるための予定を組むこと

2　仕事に必要な材料、機械、治工具を整備すること
3　作業環境をよくし、部下を組織的に活動させること
4　部下の作業能力を向上させること
5　人間関係を向上させ、勤労意欲をもりたてること
6　適材を適所に配置すること
7　作業を改善すること
8　会社の方針、諸制度、作業標準などを部下に知らせ、実施させること
9　歩留りを向上し、不良率を下げ、残業を統制し、原価を下げること
10　部下のなかから、つぎの指導者を育てること
11　部下の個人的問題について、相談にのってやること
12　会社の考え方を部下に説明してやること
13　部下の昇進のめんどうをみてやること

など、あげていけばまだまだある。これらの仕事を、りっぱに遂行できなければいけないというのだ。したがって、監督者はこれらの職務を行うために、いろいろな能力が必要だというのだ。

いわく、職務の知識、仕事の知識、仕事の腕、決断、責任、熱意、創意、訓練能力、品性、公平、………など、二〇や三〇は楽にあげることができる。およそ、人間に期待されるほとんどすべての資質を要求するのだ。

そんなりっぱな能力をもち、資質をもった人間など、めったにいるものではない。もし、そうした監督者に対する要望を完全に果たし、りっぱな資質をもった人が監督者にいるとしたら、こんなもったいないことはない。こういう人物は即日製造部長に抜てきし、重役候補の第一にあげるべきである。

監督者に対する要望は、じつに常規を逸している。いったい、監督者にいくらの給料を払っているというのか、一般従業員よりわずかばかり多い給料と、一、〇〇〇円か二、〇〇〇円の役付手当てを払って、むずかしい仕事と大きな責任を果たせというのだ。虫がいいにもほどがあるではないか。

現実には、監督者の仕事ほど、雑多なものはない。お互いに、なんの関連もない三〇種類も四〇種類もの仕事をかかえ、何が重要なのか、何を先にしなければならないのか、なぜしなければならないかもわからずに、毎日かけずり回っているのである。悪いことは監督者の責任であり、よいことは他のだれかの功績となる。こんな割の悪いことはない。そのはずである人事権は人事課でにぎり、部下昇進についての発言権はなく、生産計画は工程課がたて、品質は品質管理課で指導する。設備保全は設備課の担当である。ボーナスや昇給は経営者と組合との間できめられる。何もできないようになっているのだ。

手かせ、足かせをはめながら、前にあげたような最大限の仕事をやりとげろというのだ。そして、これができないのは、部下の数が多すぎるからだとして、部下を減らして監督者の地位をさらに下げる。

もっと悪いことは、監督者にはほとんど昇進の道をひらいていない。いざとなると、学卒の〝口八丁手八丁〟を重視するではないか。

これで監督者がふるいたったら、針の穴をラクダが通る。

従来の考え方は、監督者に大きな期待と要望をかけながら、その上役である管理者に対してはいったいどれだけのことを要望しているか。極言すれば、知識と技術のみを強調しているにしかすぎないではないか。さらに、経営者に対しては、ごく一部の具眼者をのぞき、ほとんど何もふれていない。完全なサカダチである。

経営者に、最も高くきびしい見識、人格、努力を要求し、そのつぎが管理者であり、監督者に対しては、前二者に比較して、ずっと少ない要求しかしないのがほんとうである。といっても、筆者は監督者など、どうでもいいといっているのではない。期待と関心のあり方のまちがいをいっているのだ。

もし、第一線の指揮者として、たいせつならば、もっと大幅に活動の自由をあたえるとともに、管理責任の範囲を整理して部下の数をふやし、給料をあげ、昇進の道をひらくべきである。さもなければ、監督者にあまり大きな期待をかけ、重荷を負わせることをやめなければならない。

いずれにせよ、監督者の職務については、このへんで再検討を要することであろう。そのためには、監督者の職務そのものよりも、その上部に発生するいろいろの問題を解決することに、まず力を注がなければならない。監督者の仕事を混乱させる大きな要因が、そのなかにあり、そのシワよせをくって監督者が苦しんでいるのが現実のすがただからである。

筆者は、監督者に対しては、つぎのような要望をすることにしている。

1 いつも職場をきれいにしておくこと
2 機械や治工具をピカピカに磨いておくこと
3 三日間の予定をたてること
4 いたんだ道具や工具を早めに修理すること
5 危険な個所をなくすように努力すること
6 性能のよい機械や設備を要求すること
7 付加価値目標と実績をみていること

である。これさえも、じつは、たいへんな能力と努力を必要とするのである。しかし、この要望は少なくとも従来の常規を逸した要望よりも、やさしく、具体的でわかりよく、要点をついたものであると自負しているのである。

最後に、監督者に要求する能力として、重点的にただ一つ強調したいのは、〝統率力〟である。いろいろな能力を総花的に要求するよりは、統率力一本にしぼって、これを監督者に要求するのである。部下を自分の思うように動かすことができたら満点である。どうやったら部下を自由に動かすことができるかを、考えぬかせることである。第一線指揮者として最もたいせつな能力であることを、くり返し、くり返し強調することである。

＊1　森下泰氏は森下仁丹創業者の孫。1943年から2代目社長を務めた

＊2　特定のプロジェクトのために作る一時的な組織のことを指している

＊3　間接消費税の一つで、奢侈品や嗜好品などに課された税。1989年の消費税導入まで存在した

5章

有能な経営担当者への道

5・1 有能な経営担当者はつくられる

従来、経営担当者とかマネジャーについて論じられることは、つねにその職務についてであって、経営担当者としての心構えや態度については、一部の人をのぞき、ほとんど論じられていないのは、まことに不可思議な現象である。

仕事をするのが人間である以上、その人間は、どのような心構えが必要であるかが非常に重大なことであるのは、いうまでもない。にもかかわらず、これが論じられていないのはなぜなのであろう。

経営担当者は、職務に対する知識・技術だけで事足りるというのだろうか。もしそうであるならば大きな誤りである。ということをいいたくなるほど、これを説く人が少ないのが、現在の状態である。

どのような職務にも仕事にも、これを果たすための基本的な態度や考え方はあるはずである。ところで、有能な経営担当者とはなんであろうか。一口でいえばすぐれた業績をあげうる人であって、知識・技術が優秀な人でもなければ、人格高潔なだけでもダメである。

すぐれた業績をあげる人は、必ずしも大きな能力をもった人とはかぎらない。大きな能力をもちながら業績をあげることができない人も多い半面、それほど能力をもたない人でもすぐれた業績をあげうるのである。

それは、心構えや態度の問題である。とすれば、その心構えや態度を身につけることによって、凡人でも有能な経営担当者になれるのである。

その実証は、日紡貝塚の女子バレーのチームである（＊1）。陸上競技界の大御所、織田幹雄氏が、大松監督にいったことばである。それは……

「大松君、よくまあ、あんな素質のない選手を集めて、これだけのプレーができるようにしたもんだね」

そういって、大笑いされました。

――現在の陸上界には、おまえのところの選手たちよりも、もっともっと素質のある選手がたくさんいる。それが、おまえのところのようにできないのは、彼等が精神的に弱いだけでなく、やらせる立場のものも弱いのだ――というわけです。

たびたび書いたように、織田さんにいわれるまでもなく、わたしたちのチームには、高校時代に優秀だったものはひとりもおりません。他の会社がどこも目をつけなかった、不器用な、素質のない選手だったのです。（大松博文著「おれについてこい！」講談社）

この事実は、必ずしもすぐれた能力をもち合わせていないわれわれに、大きな希望をあたえてくれる。あきらかに、先天的なものではなく、後天的なもの、努力しだい、心構えしだいで達成できるものだからである。その基本的な原則はなんであろうか、筆者はつぎの八つをあげたい。

1 まず自分自身を管理せよ
2 上を向け
3 すみやかに決断をくだせ
4 目標を設定せよ
5 結果に注目せよ
6 時間を有効に利用せよ
7 優先順位を決定せよ
8 人の長所を利用せよ

以上である。これから、これらの一つ一つについて少し述べてみたい。

5・2 まず自分自身を管理せよ

われわれの教えてもらう経営書(かどうか疑わしい、経営書と銘うつものの大部分は管理書である)や講座などでは、〝部下を管理する〟ことばかりくり返しくり返し、ゲップのでるほど説かれている。けれども、これが経営担当者にとって、いちばん重要な仕事であろうか。これはあきらかにおかしい。人の上にたつ人の最も重要な仕事は、まず自分自身を管理することである。

人を管理するまえに、まず自分自身を管理することであり、部下の仕事はなんであるかを考えるまえに、自分の仕事はなんであるかを考えることである。

部下に目標をあたえるまえに、まず自分に高い目標をあたえることである。みずから目標を設定し、企業への貢献度をみずから測定し、みずから評価することでなければならない。しなければ、部下に目標をあたえ、それを測定し、評価する資格はない。

自分を管理しないということは、ドラッカーにいわせれば、「あたかも、機関車がないのに客車の製造にばかり集中している状態」である。会社を、自分の部門を、一定の方向に牽引してゆく機関車の役目が経営者、管理者の任務なのだ。

他人のほうばかり見つめているから、他人の立場や、部下のかかえている問題にばかりに心をうばわれて、自分の目標や責任を忘れてしまうのである。これでは有能な経営担当者とは、お世辞にもいえない。こういう人にかぎって、部下が思うように仕事をしないといってブツブツいっているものである。

部下を思うように働かせることができないのは、自分自身を働かせることができないからである。

自分自身を管理できない人が、他人を管理できるわけがない。

自分自身を管理する能力が、とりもなおさず部下を管理する能力なのである。自分を管理する態度とまったく同じ態度で部下を管理すればいいのだ。

最近、〝根性〟ということが、さかんにいわれる。「根性とは、自分に勝つことである」といった人があるが、まさに至言であると思う。いいかえると、根性とは、自分自身を管理する能力なのである。

「鬼の大松」こと大松氏の著書『おれについてこい！』の標題中から、その根性についてのことばをいくつかあげてみよう。

・できないことをやるのだ
・血みどろの回転レシーブ
・自信も根性も練習から
・体力の限界こえて
・必勝の技と気力の獲得
・病気も練習でなおす
・鬼と呼ぶなら呼べ
・おれについてこい
・自我をころせ
・監督と選手の対決
・決するものは根性
・勝つことこそすべて

これが、不可能を可能にした人の根性なのであり、女子バレーチームに要求したことなのだ。しかし、大松氏はけっしてイノシシ武者ではない。一人一人について気をくばり、たえず医師と相談しながら、選手の健康状態をみきわめ、モスクワの選手権大会に出発するまえには、ハンガリー製のボールを取りよせて練習したり、選手たちの寝床は日本式を廃して洋式ベッドにしたりしたのである。日曜日には早く練習をきりあげて、選手全員をつれて大阪へ遊びにゆき、映画を見せ、アイスクリームを自分のサイフをはたいて食べさせたのである。

真の根性とは、このように細心の注意が、その裏に必ずはらわれているものなのだ。

いずれにせよ、有能な経営担当者は、まず、自分自身を管理することからすべてがはじまるのであることを、はっきりと自覚することがたいせつである。

5・3 上を向け

〝部下を管理する〟ことばかり強調するマネジメント理論の、もう一つの欠陥は、部下に対することばかり教えていることである。つまり、下を向け、下を見よ、下を考えよ、と下ばかりである。〝よい上役〟になるのには、下を向いていればいいらしい。

経営担当者にとって、ほんとうにたいせつなことは、下を向くことではなくて、まず上を向くことである。経営者が上を向く、ということは、顧客のほうを向くことである。よい社長、よい経営担当者になるまえに、顧客にとってよい会社、上役からみてよい部下になることである。よい部下になれないものが、よい上役になれるわけがない。よい上役になろうとするまえに、よい部下になることなのだ。では、よい部下の態度とはどういうものであろうか。

それは、「上役は自分に何を求めているか」をはっきりと認識することである。このことは非常にたいせつなことである。というより根本的な問題である。それにもかかわらず、これをたしかめようとせず、自分の得意なもの、関心のある事がらのみに心をうばわれ、それを部下に要求することが自分の仕事だと思っている人々が少なくない。

こうなると、会社の方針と遊離してしまう危険がある。そして、部下にやらせたことはムダになり、やりなおしをしなければならないハメに陥ることも少なくない。部下はたまったものではない。部下の時間を浪費するのは、部下よりもむしろ上役なのだ。

部下に何をさせるのか、何を要求したらいいかは、部下のほうを向くことからはでてこない。それは、上役のほうを向くことからでてくるものなのだ。

しかし、上を向いただけで、つぎに下を向くのはまだ早い。上のつぎには横を向くことが必要なのだ。というのは、自分の同僚が自分に何を期待しているのか、どうしてもらいたいのかを知ることである。組み立ての予定を知ろうともせずに、自分の部門の都合だけで仕事をしていたら、ドタン場になって必要な部品が足りず、急がない部品があまってしまう。というようなことが、日常茶飯事としてくり返されているのが現実である。これもけっきょくは、部下にやらずもがなのオーバー・ロードをかけることになる。ほめられた上役とはいえない。

有能な経営担当者は、「部下が自分に何を期待しているか」ということではなく、まず、上役が自分に何を求め、同僚が自分に何を期待するか、ということを確実につかむ。そしてだから自分は部下に何を要求するか、ということを考えるのである。こうした上役がほんとうに部下のことを思う、部下をたいせつにする上役なのである。

部下をうまく指導し、部下のためになることは、部下のほうに目を向けることからはでてこないのである。それは「上を向く」ことからでてくるのである。「横を向く」ことからでてくるのである。

5・4 決断せよ

経営担当者は、つねにいろいろな決定にせまられる。それらに対して、よく事態を見きわめ、判断し、決定しなければならないのが経営担当者なのだ。決定によって将来の方向が見きわめられるのである。

決定の段階で最もいましめなければならないのは、ちゅうちょすることである。ちゅうちょすることは、誤った決定をするよりもなお悪い。

その第一の罪悪は、時機を逸することである。いかに優秀な決定であっても、タイミングをはずしてしまったら、もはや、それはタイミングのよい、劣った決定よりもなお劣る。決定はすみやかなるをもって尊しとするのだ。

第二の罪悪は、部下を不安がらせることである。部下は上司の意図をはかりかねて、不安の念にかられる。そして、どうしていいかわからずに、いたずらに右往左往することになる。その活動は、統制のとれない烏合の衆となってしまう。

それればかりか、なかなか決定をくださない上司は、部下の信頼を失っていく。

決定には大きな勇気がいる。その決定が重大な結果をひき起こさないともかぎらないし、決定に対する全責任を負わなければならないからである。将来の危険が、つねにつきまとっているのだ。

経営担当者は、それでも、みずからの責任において、断をくださなければならないのだ。これをおそれたら、経営担当者の資格はないと知るべきである。

決定にさいしては、部下の意見を聞くのもよし、信頼する人に相談するのもいいだろう。しかし、決定はあくまでも自分の責任において行うものである。かりそめにも意見を聞いた人に責任を転嫁するかごとき態度は、絶対にとるべきではないのである。

5・5 目標を設定せよ

目標については、第一章ですでに述べた。

経営担当者のじっさいの活動は、目標を設定することからはじまる。まず、自分の目標と方針をはっきりきめることである。

それは、会社の目標、上役の要求、同僚の期待を総合して、それらを達成するためには自分はどうすればよいか、を自分で考え、自分の意志で決定するのだ。

決定したら、必ずこれを書きあらわすのだ。そして、それをまず上役に知らせ、同僚に知らせるのだ。これをやらないと、もしも上役の意図や同僚の期待を、十分理解していなかったばあいに、これを事前に発見することができず、混乱やトラブルの原因となり、貴重な時間と金をムダにするかも知れないのである。

また、自分の目標や方針を上役や同僚が理解してくれていれば、何かと適切な指導や助言もうけられるのである。

上役と同僚に知らせて、その承認と了解をえたものを、はじめて部下に、要すれば取引き先へも知らせるのである。そしてそれを完遂する決意を述べるのである。

自分の目標をもたぬ経営担当者には、ほんとうの管理はできない。そして、それを実現する過程で自己を高め、部下を教育していくのである。

部下を教育する最良の道具は、部下にさせる仕事それ自身である。

5・6 結果に注目せよ

本田技研が鈴鹿に新工場を建設したときのことである。本田・藤沢氏らのトップは、総工費九〇億円という大計画のいっさいを、課長以下の若手にゆだねたのである。「工場建設の過程についてては何もいわぬ。すきなようにつくれ。できあがったもので評価する」というのが両氏の考えである。若いものはふるいたった。全社的な会議がもたれ、三、〇〇〇件の提案が従業員からでた。そして土地買収からわずか一〇カ月で月産五万台のモペット工場が全面稼働にはいったのである。このスピード完成の裏には、「設計図ができあがらないうちに、建設業者に工事をはじめさせた」というような、常識をやぶり、手続をはぶいた戦法がとられたのである。

本田流のみごとな勝利である。このように、仕事というのはすべてが結果である。結果さえよければ、その方法や過程はどうでもいいのである。本田技研の鈴鹿工場は、こうしたトップの考え方が、従業員のやる気と創意を生みだしているのだ。

松下幸之助氏は、「富士山に登る道は無数にある」という表現をしている。ところが、従来のマネジメントの考え方は、方法や過程を非常に重視する。そして、方法がよかったのだから、結果は悪くても仕方がない、というように考えないだろうか。われわれの仕事においては、気持のうえの一生懸命や、やり方のよさ、というものは通用しない。精神こめてつくっても、悪い品物はお客は買ってくれない。精妙な管理技術を導入しても、そのために原価が上がったら、なにもならない。管理技術は、それ自体ますます高度化し、機械化していく。しかし、それらはあくまでもよい結果をうるものでなければ、存在価値はないものと知るべきである。

有能な経営担当者は、「どのような仕事か」ではなくて、「どのような結果が求められているか」を考えるものである。技術や手段は重視しないものである。

結果は、単純な活動や、特定部門のみの努力で生みだされるものではない。会社のなかの多くの活動やいくつもの部門の努力の合成である。とするならば、自分は、結果に貢献するために、どのようなことをしなければならないか、部下に何をさせたらいいか、というふうに考えなければならないのである。

だいたい、人は、とくに技術屋は、自分のもっている技術をふるうことに関心を向けすぎている。そして、その技術に対して給料が支払われていると思いこんでいる人が多い。これはまちがっている。会社が自分に給料を払っているのは、自分のもっている技術に対してでもなく、努力に対してでもない。ただ一つ、〝結果を手に入れるため〟であることを理解しなければならないのである。

5・7 時間を有効に利用せよ

本田宗一郎氏といえば知らぬものはない。何百万人か何千万人かに一人の天才であろう。一介の町工場から、たちまちのうちにこれを世界一の会社にのしあげた人である。

その本田氏のいわゆる〝本田哲学〟の特色の一つとして、〝時間〟がある。その時間哲学の断片を、同氏の著書『スピードに生きる』より拾ってみよう。

「われわれの工場で大切なものは材料であり、機械であるという。最も大切なものはアイデアであり、アイデアから生まれるものは時間でなければならない。時間というものは二度とこないわれわれの尊い材料である。」

「手形は時間をかせぐ兌換券である。」

「アメリカから日本まで船で一二日もかかる。が、飛行機では三〇時間でつく。飛行機の方が運賃が高いのになぜ利用する人が多いかというと、経済面を考えずに時間を非常に尊んでいる証拠である。」

「私が大切にしているのは時間である。研究所を端的にいうと時間をかせぐところといっても過言ではない。どんな優秀な製品ができてもそれが他よりあとであったら研究した価値がない。」

「銀座はどういうところで何を売っているかというと、それは新しい流行品を売っているだけであり、銀座で日用品ばかり売っていたら成り立たない。全国から東京にきて銀座に行くのは、時をかせいだ商品が銀座の店頭に並べてあるからであり、それだけで銀座が成り立つのである。」

「創業日なお浅く、資金も乏しく、設備が充分とはいえなかったわが社が、自動二輪業界において現在の地位を占めることができたのは、アイデアの尊重とともに時をかせいだからである。来年のいまごろは、現在わが社が作っている程度の製品を作る同業者がないとはいえない。必要な時に間に合うことが絶対条件である。息をひきとってから到着したのでは、いかなる名医も藪医者におとる。」

など、くり返し、くり返し時間について論じている。同氏の第二弾『俺の考え』とて同じである。それほど同氏は時間を重視しているのだ。

なおもう一つ、同氏の主張に〝時間券〟というのがある。人間、働いた代償として、〝金券〟ではなく〝時間券〟をもらうのがほんとうだというのだ。時間券のあるうちは、どこへでも自由に遊びまわることができる、というのだ。〝時間切れ〟になったらまた働いて時間券をもらえ、というのだ。いかにも本田氏らしいアイデアである。

時間は、とりかえすこともできなければ、保存することもできない。金銭で買うこともできない。いったん失われた時間は永久にかえってこない。

タイムリーな決定をのがしたら、もはや同じチャンスは二度とこないのである。

会社にとって最も貴重な資源は、金でもなく、資材でもなく、人でもなく、じつに時間なのである。しかも、使い方が最もむずかしいのは時間であり、最も歩留りの悪いものは時間なのである。

時間は有効に利用する以外にはないのである。そこで、時間を有効に利用する方法を考えてみよう。

まず第一に、決定を早くくだすことである。たとえ、その決定がまちがっていて変更することがあっても、ドタン場で決定するよりはまさるのである。ドタン場まで決定をのばすことは、それまでの時間はムダに消費されたことであり、決定後の実施で時間不足によるムダやムリが発生するからである。

第二に、上役との連絡に時間をさくことである。有能な経営担当者は上を向く、上役の考えをハッキリとつかんだのちに行動をおこす。会社において時間が浪費されるのは、上役や同僚が自分と同じ考えでいるかどうかを、たしかめずに事を進めたためにおこるイザコザが非常に多いのである。

上役との連絡よりも、部下との連絡に時間を多くとることは、けっして、ほめられたことではないのだ。そこには時間をムダにする危険を、つねにはらんでいるからである。

第三に、くり返し仕事は部下にまかせることである。標準をきめて部下にまかせることがたいせつなのだ。こうすれば、もはや、くり返し仕事に時間をくわれることはないのである。

第四に、準備に時間をかけることである。時間を有効に利用しようとするときに、われわれはよく準備の時間を切りつめようとする誤りをおかしがちである。これは、けっきょくは、時間を浪費することになる。

筆者は戦争中、自動車隊に属して中国大陸で数年をすごしたことがある。悪路で車がめりこんだり、みぞに落ちたりしたときに、筆者はこれを引上げるためのほとんどの時間を引上げ準備に費した。こうすると、引上げ作業そのものは、アッというまにすんでしまうのである。はじめのうちは、「そんなにまで準備しなくとも」といっていた部下たちも、しまいには、けっきょく、そのほうが早いということを悟った、という経験をもっている。

会社の仕事とて同様である。急ぐときほど準備に時間をかける。そして、行動に移ったなら、一瀉千里に仕上げてしまうのである。

第五に、タイム・チェックをすることである。ときたま、自分の時間の使い方をチェックしてみるのである。二度と返らぬ時間がどのようにムダに消え去っているかを、知って驚かない人はほとんどないであろう。筆者なども、時間のムダ使いの点ではひけをとらない自信がある。まことに困った自信である。

最後に、予定を組みすぎないことである。

従来の考え方は、時間を有効に利用する方法としてまっ先にでてくるのが、〝予定を組め〟ということである。

これも、大部分の人が頭から信じこんでいる迷信である。そして、時間を有効に利用できないのは、予定を組まないせいだと思いこんでいる。これはとんでもないまちがいである。

一時間目盛の予定表をつくり、これにぎっしり予定を書きこめば、有効に時間が利用できると思いこんでいる。見かけはいかにもりっぱであり、もっともらしい。ところが、これは最も時間を浪費するやり方なのである。

予定をたてすぎることは、予定表をぜんぜん組まないよりもなお悪いのである。作業者のように、単純なくり返し業務にしたがうものならば、時間単位の予定表も、あるいは組むことができるかもしれない。

経営担当者は、予定をギッシリ組んでこれにしたがうというわけにはいかないのだ。われわれの仕事には、つねに予期しないでき事がおこる可能性がある。予定をビッシリたててしまったなら、それを処理する時間をどこからもってくればいいのだ。

そもそも、経営担当者はこのような予期しないでき事を処理することが日常の業務であるのだ。例外管理とはこのことなのである。

経営担当者にたいせつなことは、このような予期しない事態にそなえるために、何も予定のない時間を予定に組むことなのだ。重要な役職者ほど、予期しない事態に対処する時間を多くとる必要がある。ところが、現実には、それらの要求とは逆に、重要な役職者ほど予定のない時間を組むことがむずかしくなっていく。そのうえ、予定された時間のなかでも処理しきれない多くの仕事をもっているのだ。この矛盾した要求を、どのようにして切りぬけるかが、大きな課題である。そこで必要になってくるのが、優先順位の決定ということなのである。

5・8 優先順位を決定せよ

重要な役職者ほど処理しなければならない仕事に比較して、少しの時間しかもっていないとすれば、どんな問題を先にとりあげ、何を後回しにするかを決定しなければならない。何もかも処理しようとしたら、何もかも処理できなくなるからだ。

しかし、後回しにした仕事というものは、よほどのことがないかぎり、あらためてやるというようなことはできないし、するべきではない。もはやタイミングを失ってしまって、やっても意味がないことが多いからだ。とくに、新規事業や営業活動には、このことがいえる。

有能な経営担当者は、何が重要かを、みずから決定する人である。しかし、それよりももっとむずかしいのは、「何をやらないか」を決定することなのだ。何をやるかきめるまえに、やらないかをきめるほうが、効果的な仕事ができる場合がけっして少なくないことを心得ておく必要がある。

ある会社で企画室をつくったとき、何をやるかについての決定に困ってしまった。「あれもやりたい、これもやりたい」と山のような懸案がでていたからである。人員は少なく、時間はかぎられている。どうしたらいいか、という相談をうけたことがある。筆者はそのときに、まず、「何をやらないか」からきめようと提案して、懸案事項のうちから、やらないものをきめていった。担当者にとって、これは苦しい決定であった。けれども、「みんなやろうとしてもできない相談だから、やらないものをきめるより仕方がないではないか」と説得して、これを強行した。そして、残ったものについて優先順位をきめる、という手順をふんで問題を解決したことがある。

ところで、優先順位をきめる尺度はいったいなんであろうか。

それは、会社全体にとって何が必要か、何が会社の将来の業績をあげるものであるか、ということであって、自分の関心の深さでもなければ、現在困っている問題でもないのである。当然のこととして、それは上役の仕事がいかに効果的にすすめられるか、同僚の仕事にどのような貢献をするか、ということである。自分の部下の仕事がやりよくなることではないのだ。

重要な仕事であればあるほど、予期しないいろいろの障害にぶつかることは覚悟しなければならず、予期した以上の時間を費さなければならないものである。とすると、〝時間切れ〟によって、さらにできない仕事がふえてくる。できない仕事は、打切るか、あるいは他人にまかせなければならない。それは苦しい決定であるが、しかし、これを決定しなければならないのだ。それには、優先順位の下のものから順次に行うのである。

優先順位を決定するということは、仕事のみならず、会社の製品についてもいえることである。どんな製品を新しくつくるか、何を優先するかということは、非常に重大であり、場合によっては会社の死命を決することさえある。そこで、他社に先んじようとし、また他社がだしたからと、その対抗策に、つぎからつぎへと新製品、新事業に手をつける。そして、そのうちのごくわずかのものが成功するにとどまるにすぎない。何を優先的にだすかの決定がいかにむずかしいか、結果がこれを証明してくれる。

しかし、新製品のばあいはまだいい。〝ヘタな鉄砲も数打ちゃ当る〟式のやり方でも、まだすむ。ほんとうにむずかしいのは、どの製品をすてるか、ということである。大部分の会社で、多すぎる製品――それらは会社に利益を貢献しないようなものが数多く含まれている――をかかえこみすぎて、どのくらい困っているかをみればわかる。わかっていながら、すてる決断がなかなかつかないのだ。パレート分析をしてみればいい、ということは理屈ではわかっていても、せっかく苦心してここまできたのだから、というようなロマンチシズムが先にたって、決断がにぶる。ここのところである。多くのばあい、会社の業績を悪くしている元凶がこれらの製品なのだ。思いきってすてることである。この決断が、会社を救うことになるのだから。

倒産した会社、業績悪化の会社を再建するときに、新しい経営者がまっ先にうつ手は、きまって不能率工場の処分、採算の悪い製品の切りすて、それでもまだ足りないときは、人員整理、機構の簡素化など、すてることばかりである。

すてないことによって会社をつぶし、すてることによって会社が更生する、という表現も成りたつのだ。

新製品の発表ばかりに関心をうばわれていてはダメである。新製品をだすときは、かわりにすてる製品を考えることが絶対に必要なのだ。便秘がおそろしいのは、人間だけではない。

われわれの知識、技術、考え方などについても、まったく同じことがいえる。新しい知識、技術、考え方をとり入れるよりは、古い知識、技術、考え方をすてるほうが、ずっとたいせつであり、困難なことなのだ。摂取よりも排せつがたいせつなのだ。

われわれは、いままであまりにも多く、新しいものをとり入れることばかりに、努力と関心を向けすぎてきた。しかし、これからは、古いものをすてることに大きな関心と努力をはらう必要があるのだ。

斜陽業界といわれる鉄道業界で、すばらしいアイデアによって、みごとに会社を立直らせた、ニューヨーク・セントラル鉄道の社長、アルフレッド・パールマン氏のことばを紹介して、この項の最後をかざろう。

「二年たったら再検討せよ、五年つづいたら疑え、十年たったら、すててしまえ」

5・9 人の長所を利用せよ

プロ野球、かつての強打者、青田氏（＊2）のバッティング・コーチとしての指導方針は、「長所を伸ばして、短所を問題にしない」ということだと、スポーツ紙に紹介されていたのを読んだことがある。至言である。

人はだれでも必ず弱点・短所をもっている。そして、大部分の人はつねに弱点あるいは短所を問題にしている。

しかし、人の短所を問題にしてみても、そこから何も生産的なものはでてこない。真に生産的に利用できるものは、その人の長所のみである。とするならば、人の長所をみつけ、これを有効に利用することを考えるのが最上である。

「得手に帆をあげる」というコトワザは、自分のことだけでなく、他人についての態度にもいえることなのである。

短所を矯正することは、他人であれ、自分であれ、どんなにむずかしいものであるか、ということは、だれでも十分承知しているはずである。

それにくらべて、長所を伸ばすことはずっとやさしいのである。そしてそのほうが、仕事の成果もあがるのである。

上役は、つねに部下の長所をみつけ、これを伸ばす機会をあたえてやることである。ほめて教えて、直してしかる。ということばがある。指導者の心得をいったものであろう。

人は自分の長所を認めてくれる人、ほめてくれる人のためには、身を粉にして働く。D・カーネギーの名著『人を動かす』にも人をほめることの重要さを、実例によってくり返し、くり返し強調している。

部下の短所ばかり問題にしている上役は、自分の無能を証明しているのと同じである。短所ばかりみていても、そこからは成果を生みだす何ものもえられないからである。有能な上役は、部下の長所をみつけて、これを伸ばすことに興味はおぼえるが、短所をさがしだすことはしないものである。

ところで、人の長所をみるというばあいに、それは、必ずといっていいくらい、「部下の」という枕ことばがつく。では、「お客の」「上役の」という枕ことばは意味がないのであろうか。筆者はそうは思わない。お客や上役の長所をみつけて、うまく利用することは、じつは部下以上に必要なのである。理由は簡単である。そのほうが大きな効果があるからである。部下を利用してあげる成果よりも、上役を利用してあげる成果のほうが数倍、数十倍である。

どこの会社でも、上役に対する苦情は、部下に対する苦情よりもずっと多い。しかし、上役を指導するわけにもいかず、注意することもできない。

上役への苦情は、同僚と飲む酒のサカナにして、ストレスを解消するだけにしておいたほうがいい。仕事のうえでは上役のクセを利用するほうがとくである。

これにはくふうがいる。うまくそのクセを利用して、結果がよければ、してやったり、と心のなかで快哉を叫び、「上役なんて他愛ないものだ」と、一種の優越感にひたるほうが愉快であると思うのだが、どんなものであろう。

有能と無能の分かれ道は、人の長所をみるか短所をみるか、他人に対する態度できまる。

自分が有能になるために、お客の、上役の、部下の長所をみることを、われわれは真剣につとめる必要があろう。

5・10 自己啓発を

有能な経営担当を、ますます有能ならしめるものは、自己啓発である。自分自身を啓発することはむずかしい。しかもこれはだれにたのむわけにもいかなければ、だれの責任でもない。自分自身の責任である。

自己啓発の最もよい場所は、自分の仕事それ自身である。このなかで実践し、実験し、考えぬくことである。タタミの上の水練は無意味である。万巻の書を読破しても、それは真の自己啓発とはならない。読書は、これを自分の仕事、自分の会社と結びつけて実践してこそ意味がある。これをやらない読書は害あって益はない。われわれの対決しているものは、事実そのものであって、理論と対決しているのではないのである。事実こそ最も権威あるものである。

＊1 ユニチカの前身、ニチボーの貝塚工場の女子バレーチームは大松監督の下、世界的な強豪チームとして活躍した。「東洋の魔女」の異名は有名。チームの主力選手は大松監督の下、1964年の東京五輪で金メダル獲得に貢献する

＊2 青田昇氏。1950年代に読売巨人軍などで活躍した野球選手

6章 お金（財務）に強くなる法

6・1 お金に弱い会社人

会社人に共通的な欠点の一つはお金に弱いことである。

むろん、経営者は資金繰りと引き合う仕事、売上げ高などについては、つねに頭を悩ましている。

資材担当者や現業部門の人たちは、個々の部品の単価や工賃については知っている。経理マンは簿記には強い。

しかし、それらの人たちも、会社全体の財務ということになるとあやしくなってくる。製品の採算性や内部管理の効率などは、わかっているようで、あんがいわかっていない。経理マンは、財務の情報をタイミングよく経営者や経営担当者に流すことは、あまり得意でない。これは、まことに困ったことである。いったい、その原因はどこにあるのであろうか。それは、もう古くなって使いものにならない会計経理の考え方や方法を、後生大事に守っているところにある。なお悪いのは、それをむずかしい経理技法を使って生のまま示すので、しろうとには、なんだかわからぬ、とっつきにくいものにしていることである。

なにはともあれ、財務に弱いのでは困る。この章では、経営者や経営担当者が、少なくとも、これくらいは知っておかなければと思われることを、専門技法は最少限度にとどめて述べてみることにする。なお、詳しくは拙著『あなたの会社は原価計算で損をする』（技報堂刊）を参照されたい。

6・2 二つの原価計算

〝原価〟を知ることは、経営者にとっては絶対に必要なことである、といわれている。損益をこれによってつかむ必要があるからである。しかし、原価のつかみかたに大きな問題があるのである。それを説明するために、まず、現在行われている原価計算のやり方に二つあることを知っておかなければならない。全部原価計算（Total Costing）と直接原価計算（Direct Costing）、この二つである。全部原価は企業会計原則にきめられたやり方で、一般にどこでもこのやり方をしているのである。直接原価計算は管理会計といわれているやり方である。

この二つの原価計算のやり方を、例をあげて説明することにしよう。

「ある会社で、一台一万円の製品を一カ月一、〇〇〇台つくって、全部売ったと仮定しよう。この製品の材料費（外注費を含む）は、一台当り五、〇〇〇円で、一カ月の人件費と経費の合計が四〇〇万円かかった。説明の都合上、前月からの繰越、つぎの月への繰越はないものとする。

……」

これを、従来行われている全部原価計算で計算してみよう〈表1〉。

このように、いっさいの費用を単位当りの製品に割掛け(配賦という)て原価を計算するやり方を、全部原価計算という。

つぎに、直接原価計算でやってみよう〈表2〉。

直接原価計算では、原価を比例費(製品の生産または販売の増減に比例して増減する費用で、そのおもなものは材料費、外注費、生産用消耗品、荷造費、手形割引料などである)と固定費(製品の生産販売の増減に比例して増減せず、期間に比例して発生する費用で、人件費、一般管理費、販売費の大部分である)とに分け、比例費を製品原価とし、固定費を期間原価として、損益をつかんでゆく計算方式で、売上げから比例費を引いたものを限界利益という。比例費は変動費ともよばれている。

どちらの方法でも同じようなものではないかと思われるかもしれないが、じつはちがうのである。全部原価計算では非常な誤りをおかす。直接原価計算(以下ダイレクト・コスティングという)でなければ正しい判定をくだせないのである。例をあげて説明することにする。

いま、ある会社のある月の損益計算書が、〈表3〉のような形で示されたとしよう。これは全部原価計算である。固定費は、比例費の割合によって割掛けてある。もしも、売価に割掛けると、A製品の単位当り利益は八円、B製品は五円となる。このように、割掛けはどのようにでもでき、しかも、どれが正しいとか誤っているとかのきめ手はないのである。割掛ける人の主観によるのだ。主観によって原価が変わるのだからおかしな話である。こんな原価が信用でき

表 1　全部原価計算

	数量	単位当り	合計
売上	1,000台	@1万円	1,000万円
売上原価	1,000〃	@0.9〃	900〃
利　益			100万円

単位当り原価 ＝ 単位当り材料費 ＋ 単位当り人件費経費

$$= 0.5万円 + \frac{400万円}{1,000} = 0.9万円$$

表 2　直接原価計算

	数量	単位当り	合計
売上	1,000台	@1万円	1,000万円
比例費(材料費)	1,000〃	@0.5〃	500〃
限界利益			500万円
固定費(人件費・経費)			400〃
利益			100万円

表 3　××月損益計算書(全部原価)

製品	売価	製造原価	一般管理費販売費	単位当り総原価	単位当り利益	生産販売数量	総利益
	Ⓐ	Ⓑ	Ⓒ	Ⓓ=Ⓑ+Ⓒ	Ⓔ=Ⓐ−Ⓓ	Ⓕ	Ⓖ=Ⓔ×Ⓕ
A	100円	84円	7円	91円	9円	10台	90円
B	160	144	12	156	4	10	40
計							130円

単位当り製造原価内訳

製品	製造比例費	製造固定費	計
A	70円	14円	84円
B	120	24	144

るだろうか。そこで、どのような割掛けが正しいのか、ということで会計学者は悩んでいるのだ。けれども、ほんとうは割掛けそのものがまちがっているのである。なぜかというと、〈表3〉の原価計算によって、A製品のほうが利益が大きいから、B製品をやめて、A製品のみを20台つくったら、果たして会社の利益は大きくなるだろうか。このばあいに、人件費や経費は変わらないものとする。その結果は、〈表4〉のようになるのである。どうだろうか、もうかるはずのものが逆に利益が少なくなるのである。

では、利益が少ないはずのB製品のみ20台つくったら、どういうことになるだろうか、その結果が〈表5〉なのである。

こんどは、利益がふえるのである。

もうかるはずの製品をつくれば、もうからず、もうからないはずの製品をつくれば、もうかるとは、……いったいどうしたわけなのだろうか。計算にカラクリはない。忠実に〝会計の原則〟に従っているのだ。こんな原価計算が果たして役にたつだろうか。このナゾの正体はなんであろうか。

まず、この三つのばあいの原価を比較してみよう。それが〈表6〉である。

このように、売価、比例費、製造固定費の総額、一般管理費・販売費の総額はまったく変わっていないのだ。変わっていない原価を変わったようにみせるものは、製造固定費と、一般管理費、販売費を、〝一台当り〟に割掛けるところにある。〝割掛け主義〟という伝統的な会計理論は真実の姿の分析をまったく不可能にしてしまうものなのである。

表 4　A製品損益計算書（全部原価）

製品	売価	製造 原価	一般管理 費販売費	単位当り 総原価	単位当り 利益	生産販売 数量	総利益
A	100円	89円	9.5円	98.5円	1.5円	20台	30円

単位当り製造原価

製品	製造 比例費	製造 固定費	計
A	70円	19円	89円

表 5　B製品損益計算書（全部原価）

製品	売価	製造 原価	一般管理 費販売費	単位当り 総原価	単位当り 利益	生産販売 数量	総利益
B	160円	139円	9.5円	148.5円	11.5円	20台	230円

単位当り製造原価

製品	製造 比例費	製造 固定費	計
B	120円	19円	139円

表 6　原価比較表

		〈表3〉	〈表4〉	〈表5〉
A製品	売価 製造比例費	100円 70円	100円 70円	―― ――
B製品	売価 製造比例費	160円 120円	―― ――	160円 120円
製造固定費の 総額		円　円 A＝14×10＝140 B＝24×10＝240 計　380円	円　円 A＝19×20＝380	円　円 B＝19×20＝380
一般管理費・ 販売費の総額		円　円 A＝ 7×10＝ 70 B＝12×10＝120 計　190円	円　円 A＝9.5×20＝190	円　円 B＝9.5×20＝190

では、正しい姿をつかむにはどうしたらいいか。ある二つのやり方がある場合には、その優劣の判定は、どちらをとるかで変わる部分のみを比較するのが正しいのだ。変わらない部分は比較しても意味がないからだ。

そこで、A・B両製品のどちらをとるかで、変わる部分のみを比較してみよう。変わる部分は売価と比例費であるから、

製品	売価		比例費		値差	順位
A	一〇〇円	−	七〇円	＝	三〇円	②
B	一六〇円	−	一二〇円	＝	四〇円	①

（〔注〕値差とは、単位当りの限界利益のこと）

となって、B製品が有利であることは一目でわかる。値差のちがいの一〇円に、数量の一〇台をかけた一〇〇円が、もとの利益一三〇円にマイナスされたりプラスされたりして、三〇円になったり、二三〇円になったりするのである。これでナゾがとけたわけである。

このやり方が、すなわちダイレクト・コスティングのやり方なのである。もしもダイレクト・コスティングによって、**〈表7〉**のような形で損益が示されたなら、だれもまちがわないのである。

ついでに、**〈表4〉**と**〈表5〉**をダイレクト・コスティングで示してみよう。それが**〈表8〉**と**〈表9〉**

表 7　××損益計算書（ダイレクト・コスティング）

製品	売価	比例費	値差	順位	生産販売数量
	Ⓐ	Ⓑ	Ⓒ		Ⓓ
A	100円	70円	30円	②	10台
B	160	120	40	①	10
計					

総限界利益	固定費			総利益
	製造固定費	一般管理費・販売費	計	
Ⓔ＝Ⓒ×Ⓓ	Ⓕ	Ⓖ	Ⓗ＝Ⓕ＋Ⓖ	Ⓘ＝Ⓔ－Ⓗ
300円 400				
700円	380円	190円	570円	130円

表 8　A製品損益計算書（ダイレクト・コスティング）

製品	売価	比例費	値差	生産販売数量	総限界利益	固定費	総利益
A	100円	70円	30円	20台	600円	570円	30円

表 9　B製品損益計算書（ダイレクト・コスティング）

製品	売価	比例費	値差	生産販売数量	総限界利益	固定費	総利益
B	160円	120円	40円	20台	800円	570円	230円

である。

以上の例は、A・B両製品の工数が同じばあいである。では、もしもB製品一〇台をやめることによって、A製品を二〇台つくることができるとすれば、どうなるであろうか。このばあいに、固定費はちがわないものとする。

計算は簡単である。変わる部分のみで比較すればよいのだ。つまり、

製品	値差		限界利益
A	三〇円	×二〇	＝六〇〇円
B	四〇円	×一〇	＝四〇〇円

となって、こんどはB製品をやめるほうが有利となるのだ。だから、B製品一〇台をやめることにより、A製品を何台以上つくれば有利になるかを判定するには、変わる部分のみの比較で、

B製品一〇台をつくったときの限界利益　　四〇円×一〇台＝四〇〇円

四〇〇円の限界利益をうるためのA製品の台数　　四〇〇円÷三〇円＝一三・三台

となって、一四台以上つくればA製品のほうが有利であり、一四台未満ならば不利なのであ

る。

では、A製品一〇台をやめて、B製品二〇台をつくるばあいに、固定費が五〇円増加するというばあいはどうか。それは、同じように、

B製品二〇台をつくるばあいの限界利益増	一〇〇円
〃　固定費増	五〇円
差引限界利益増	五〇円

となる。

このように、損益というものは、つねに会社全体でどうなるか、ということを考えて行わなければならないのである。そのばあい、ダイレクト・コスティングでは、変わる部分のみの比較という、簡単な方法で誤りない判定ができるのである。全部原価計算では絶対にできないのである以上、収益性の判定法をまとめてみると、つぎのようになる。

1　一台当りの収益性の比較は、

値差（売価－比例費）の大きさで比較すればよい。

2　期間当りの収益性の比較は、

［値差］×［期間当りの生産数量］＝［期間当り限界利益］の大きさで比較すればよい。

3　どちらをとるかで、固定費の変わる場合は、期間当りの限界利益の増減分から、期間当りの固定費の増減分を差引きまたは加える。

4　ある製品が引き合うかどうかを判定するには、単位時間当りの限界利益と、単位時間当りの固定費の比較で、限界利益のほうが大きければ引き合う（くわしくは、後述する賃率、および採算性分析の項を参照されたい）。

なお、新規受注のばあい、内外作決定のばあい、設備新設、製品混成、部門成果の判定、期間損益の把握など、全部原価計算で行うと、ほとんどのばあいにまちがう危険が大きい。具体的なことについては、前掲の拙著を参照願うことにして、この項を終わることにする。

6・3　売上げ年計表

会社というものは、成長する以外に生きる道がない、という宿命をもっている。

経済は年々成長する。業界も年々成長する。もし、業界の成長率が経済の成長率よりも低ければ、その業界は斜陽業界であり、しだいに経済全体のなかに占める比重が減って、不況期には不況のシワをより強くよせられ、好況のときはその恩恵が少ない。

これをくり返しながら、ついには好況でも浮かび上がれぬ〝沈没産業〟になってしまう。もしも、そのような状況がみえたなら、他業界に転進するか、新機軸による巻き返し作戦が絶対に必要となる。

自分の会社の属する業界が、わが国の経済成長率より高いならば、その心配はない。けれども、それだけでは安心できないのだ。業界のなかでの自分の会社の地位である。同業界のなかで、自分の会社の地位を守らなければ、しだいに業界のなかでの地位が下がってゆき、ついには脱落してしまう。業界のなかの地位は、市場占有率でみるのが普通だ。占有率があるパーセンテージ以下の会社を、〝限界生産者〟という。消え去る運命にある会社である。

であるから、会社は業界の成長率よりも、つねに高い成長率をもっていなければならない。とすると、いつもこれを見守っていなければならないことになる。

年一回や二回の決算では、テンポの早いこれからの経営には、時期を失するおそれがある。といって、月々の売上げをグラフにしてみても、季節によって売上げの差があるので、成長しているかどうかをつかむことは困難である。

成長の状況をいち早くつかむには、年計表がいちばんよい。年計表というのは、毎月その月からさかのぼった一年間の合計をだして、これをグラフにしたものである。

こうすると、つねに一年のすべての月を含んでいるので、季節的変動を完全に消し去ることができるからである。

もっとわかりやすくいえば、毎月売上げの年次決算をやっているのと同じである。したがって、成長の状態を、カーブを見ただけで簡単につかむことができるのである。

筆者は、調査にうかがった会社の決算報告書を、三期連続して拝見することにしているが、もし、売上げの伸び率が低いと、すぐに年計表を作成して、その状況をつかむことにしている。最近行った会社で、売上げが頭うちしながら、経営者がこれに気づいていない。という会社が数社あった。

年計表のもう一つの効用は、景気の変動をいち早く察知できることである。業界の年計表をつくるのである。これは普通、ゆるい波形をえがきながら上昇していく。その波の山に向かう期間が好景気であり、谷に向かう期間が不況期である。山の頂上付近と谷底付近は傾斜がゆるくなっている。であるから、上昇の傾向がゆるくなったら、景気はそろそろ頭うちであり、波の底から上昇しだしたら景気は回復に向かっていると思えばよい。

いち早く景気の動向をつかんで、手をうつことが、たいせつなことは、いまさら、いうまでもないことである。

また、年計表は売上げだけではない。いろいろなデータにこの考え方を応用できるのである。

6・4 未来事業費

こういう費目は、いままでの経理用語にはない。これについて述べるまえに、田辺製薬の社長、平林忠雄氏が「実業の日本」誌の昭和三九年三月一日号にのせた、「利益の見方と考え方」のなかの一節を紹介しよう。

利益を見る場合、きわめて重要な前提がある。それは、税制の認めるかぎりの引当金、償却保留を

全部、おこなった上での利益であるかどうか、また将来に対して前向きの措置をとった上での利益であるかどうかの二点である。

当然一〇〇％の内部留保が必要なことはいうまでもないが、前向きの措置とは、人材の養成に十分な経費をつかうこと、製品開発に思いきった開発研究費を投じること、生産設備の合理化、事務の能率化、あるいは販売や購買の組織（これは国内、海外ともに）の強化を不断にすすめるなどであるが、これらが十分おこなわれていなければ、いくら表面に出される利益の絶対額が大きく、また高い利益率であっても、本当に企業が発展しているとはいえない。企業の永続性ということからすれば、内部留保を含めて、前向きの措置について、たえず努力しているということが、もっとも大切なことだといえよう。

この前向きの措置に使われる費用を、未来事業費というのである。

これからの会社は、現事業のみに心をうばわれて、将来の備えを怠ったら、それは破たんにつながる。

会社の将来を創造するために、現在使われる費用の絶対額の大きさと、その効率こそ、会社の将来の運命をきめるといえよう。

未来事業費によって蓄積された、潜在的実力こそ、ほんとうの意味の内部蓄積なのである。

財務的蓄積のみをもって、事足れりとしていられる時代ではない。それどころか、未来事業において遅れをとって、ピンチに追いこまれたときには、財務的な蓄積など、アッという間にくいつぶしてしまう。

であるから、これからの会社は、未来事業費を分離して管理する必要が絶対にたいせつなのである。つまり、上記のような計算をするのである。そして、現事業利益をいかにして大きくするかをまず考え、つぎに、企業の運営に必要な最低利益を確保した残りは、全部未来事業に投入し、研究陣、販売網、人材などの強化育成をはかるのである。

	売　　上
－）	現事業費
	現事業利益
－）	未来事業費
	純　利　益

この意味においても、「利益が最大になるように行動する」という古い概念は通用しないのである。古い概念にとらわれて、原価は安ければよいとばかりに、コスト・ダウンばかりを強調したらどうなるか。コスト・ダウンの早道は、未来事業費をけずることである。というのは、これをけずっても、現事業にはなんの支障もないからである。こうした安易な考え方が、いかに多く横行しているか、例をあげるまでもなかろう。その結果は、会社を窮地に追いやるのである。

コスト・ダウンというのは、現事業費にのみ適用できる考え方なのだ。三度のメシ（現事業費）は二度にしても（節約しても）、子供の教育（未来事業）をするのが親（経営者）のつとめなのである。

未来事業費は、会社の経費として落とせる費用である。これの分に相当するだけ節税できるのだ。会社の潜在的実力を身につけると同時に節税できるとは、こんなうまい話はないのだ。一石二鳥とは、こういうことのためにあることばであろう。

6・5 生産性ということ

企業体で、ふた言めにでることばは「原価はいくらか」であり、「原価計算の必要性」である。筆者は、このことばをきくたびに「またか」と思う。原価を知り、また原価を引き下げることはたしかにたいせつである。

しかし、原価を引き下げることが必ずしも業績をあげることとは直結しないのである。時によると、原価引き下げが愚策になる場合さえもあるのだ(前掲の拙著を参照されたい)。全部原価による原価計算など、やらないほうがいいのだ。筆者は、原価計算制度をつくりたいという相談をうけると、「おやめなさい」ということにしている。

原価というのは、〝いくらかかったか〟ということである。いくらかかったか、ということばかりに関心があっても、〝いくらかせぎだしたか〟、〝どうしたらかせぎがふえるか〟ということは考えない。まことに不思議である。

家計にいくらかかったか、には関心があっても、どうしたら収入をふやすことができるか、を考えないのと同じようなものである。

〝出ずるを制し〟ても〝入るを計らない〟のでは、いつまでたっても、うだつはあがらないではないか。

〝入るを計る〟ためには、ほんとうの収入とは何かを知らなければならない。ほんとうの収入は、売上げではない。

会社は、材料を買い、これを加工して売るという活動をしている。いま、五〇〇万円の材料を買って、これを加工して一、〇〇〇万円に売ったとする。式にしてみると、

材料費　　加工賃　　売上げ
五〇〇万円　＋　五〇〇万円　＝　一、〇〇〇万円

となる。加工賃の五〇〇万円が会社のほんとうの収入である。これを付加価値という。生産価値あるいは加工高ともいう。

材料費というのは、説明の都合上材料費といったのであって、ほんとうは、外部から仕入れた材料およびサービス（外注費など）なのである。これらを〝外部支払〟という。そしてこれは、本質的には比例費なのである。

外部から仕入れたものは、社内の生産活動には関係ない費用である。だからこれらを売上げから引かなければ、ほんとうに社内で生みだした価値はわからないのである。商社の場合には、七〇〇万円で買った機械を一、〇〇〇万円で売ったとしたならば、

一、〇〇〇万円　－　七〇〇万円　＝　三〇〇万円

表 10

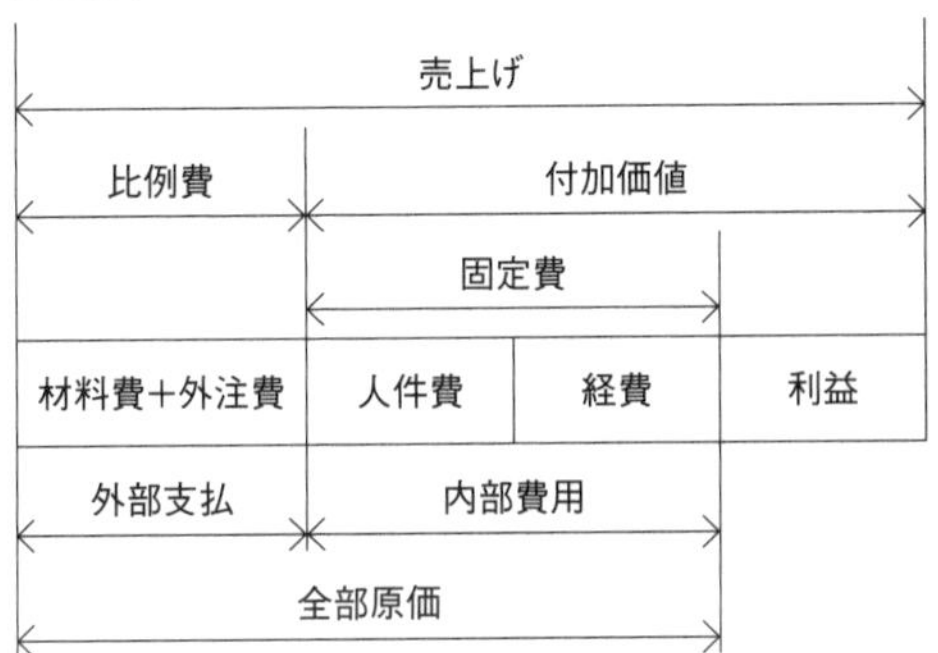

となって、三〇〇万円が付加価値なのである。

前の例にもどって、五〇〇〇万円の付加価値をうるために、人件費二〇〇〇万円と経費二〇〇〇万円を費したとするならば、

加工費　　人件費　　経費　　利益
五〇〇〇万円－（二〇〇〇万円＋二〇〇〇万円）＝一〇〇〇万円

となる。この人件費と経費は会社の内部で費された〝内部費用〟である。この内部費用が〝企業努力の原価〟なのである。これは本質的には固定費である。

付加価値を文章によって定義づけすると、

「付加価値とは、企業が製品またはサービスを売ってえた総売上げ額と、外部からの原材料またはサービスの総買入額との差額である」

いいかえると、付加価値とは、企業のはらったあらゆる努力の原価と、その報酬をあわせ含んだものである。これを示すと、〈表10〉のようになる。付加価値は、本質的には限界利益と同じである。

付加価値は、企業が生きていくためのカロリー源であると同時に、どれだけの価値が製品のなかに織りこまれたかをあきらかにする。また、市場が企業の努力をどれだけに評価しているかを示すものなのである。

付加価値を生み出し、かつ大きくすること。これが企業の任務であり、〝生産性向上〟というのは、この付加価値を大きくすることであって、売上げを増加することでもなければ、利益を大きくすることでもないのである。付加価値というのが、生産性の量的な基本概念なのだ。

われわれは、付加価値を大きくするためにはどうしたらいいか、を考えることが最もたいせつなのであって、またこれが会社の業績向上に最も大きな役割を果たすものである。

会社の業績を伸ばす最も大きな道は、付加価値の増大をはかることであって、原価を節減することではないのである。といっても、原価を節減することが無意味なのではない。原価節減第一主義ではいけないというのだ。

付加価値の考え方から、生産性を向上させるには、

1　売上げに対する付加価値の割合を大きくすることである。これには、まず第一に、新製品を開発することであり、第二に引合う仕事をみつける、という方針が導きだされてくる。原価引下げよりも、まずこれが優先することなのである。第三に、原材料と外注費用の節約である。これが原価引下げである。

2　付加価値のなかに占める利益の割合を多くすることである。この利益とは、現事業利益であることはいうまでもない。このために、まず第一には、労働を有効に利用すること

であり、第二には現事業経費を節約することなのである。

6・6 生産性の測定

われわれは、企業の任務である付加価値生産性の向上を目ざして努力をつづけるために、もう少し生産性についての考察を進めてみよう。

生産性は、産出量（アウト・プット）と投入量（イン・プット）との関係であるから、会社全体の生産性という総合的なものをまず把握し、さらにそれをいろいろの角度から測定し、検討する必要がある。

それには、付加価値を生みだすために投入された、いろいろの要素、つまり資本、設備、労働、賃金などについて、それぞれの生産性をみるのである。さらに、製品別、部門別の測定も必要である。製品別、部門別については、後述する「生兵法の賃率」および「採算性の測定はこうして」にゆずって、ここでは、資本生産性、設備生産性、労働生産性、賃金生産性について考えてみることにする。これらを〈表11〉のような形にまとめてみるのが便利であろう。

このように、少なくとも三期分くらいを一覧表にして、その傾向を指数としてみるのである。ただ一期だけの分析では、絶対値はわかっても傾向がわからない。絶対値は優劣判定はできても、問題の所在はわからない。絶対値は悪くとも、それが上がり傾向ならば、いまのやり方がいいのであるから、心配はいらないのである。絶対値はよくても、それが頭うちや下降傾向な

表 11

項目	第××期		第××期		第××期	
①売上高		指数 100		指数		指数
②付加価値		100				
③総資本		100				
④設備（または固定資産）		100				
⑤人員		100				
⑥賃金		100				
⑦（④÷⑤） 労働装備率		100				
⑧（②÷③） 総資本生産性		100				
⑨（②÷④） 設備生産性		100				
⑩（②÷⑤） 労働生産性		100				
⑪（②÷⑥） 賃金生産性		100				
⑫（⑥÷②） 賃金分配率		100				

らば安心しているわけにはいかないのだ。だから、表の最初の期を指数一〇〇として、三期以上にわたって指数をだすのだ。前期比というのは、あまりあてにならない。前期比がよくても、前々期より悪いこともあるからだ。

あくまでも基準指数に対しての一貫した指数でなければならない。

まず、売上高指数に対する付加価値指数である。付加価値指数が、売上高指数より伸び率が低ければすでに問題である。製品混成はいいか、付加価値を落としている元凶はどの製品か（これは後述の「採算性の測定はこうして」を参照されたい）を見きわめて手をうつ必要がある。

つぎには、付加価値の指数をもとにして、それ以下の項目の指数との比較をするのである。

総資本の効率はどうなのか、設備は有効に生かされているか（設備は、減価償却をしているのが普通であるが、設備そのものも、じっさいは、減価償却率ほど低下していないから、その分を勘案して考える必要がある）、労働生産性や賃金生産性は落ちていないだろうか、をみるのである。とくに、賃金生産性は最近の賃金の上昇分をうめあわせているかどうかを判定することができるのである。

賃金分配率については、「9章 労務管理の基礎は賃金」で詳細に述べることとする。

6・7 生兵法の賃率

賃率とは、ひらたくいえば直接工が単位時間に生み出す工賃（付加価値）のことである。この賃率を工賃計算に使うときの計算式は、

工賃 ＝ 賃率 × 加工所要時間

となる。

この賃率の意味と使い方を、よく心得ている人が驚くほど少ないのである。そのためにどのくらい無用の混乱が生みだされているか、はかり知れないものがある。混乱だけですめば、まだしもガマンができる。しかし、これが知らぬ間に生産性の向上をはばみ、合理化を遅らせているのだから、ほったらかしておくわけにはいかない。

一般に、どこの会社でも、外注工賃の算定に一定の賃率を適用している。むろん、工場別に格付けがしてあるけれども、特定会社に対しては一定不変である。

これがすべての誤りのもとになる考え方である。例をあげて説明しよう。

1　ある会社の社長談――

「親工場からの値下げに対応するために、血の出るような資金をつぎこんで、設備の合理化を行った。これを知った親工場では、早速生産技術員を派遣して工数を測定し、こ

れに合理化前と同じ賃率をかけて工賃を算出し、この工賃をムリ無体におしつけられてしまったのである。これでは、単位時間あたりの工賃はまえと同じである。設備に投下された資本の減価償却費と借入金の利子は、まるまる欠損である。なんのために合理化をしたのかわからない。

設備を新設すれば、少なくとも減価償却費と、設備資金の利子分は確実に費用がふえる。そのほか、生産増加のための運搬、保管などの費用もかかる。ということは、賃率が上がるということである。

それにもかかわらず、親工場は賃率上昇を認めてくれない。これでは合理化をすればするほど、会社の利益は減ってくる。もう合理化は、いくら親工場から要請されても、やる気にならない。こんな親工場とつき合っていたら会社をつぶす。いま真剣に新しい親工場をさがしている」

2

某社の工場長談——

「親工場から、新しい仕事をうけることになった。工賃の指値がバカ安い、とてもできるものではない。

あまりおかしいので、その根拠の説明を求めた。それは、〔貴社の賃率〕×〔当社の社内工数〕であるというのだ。こんなバカなことはない。親工場は新鋭設備であるから、工数がそのくらいであることはわかる。しかし、そのために賃率はうちの会社の三倍なのだ。だから、

自社賃率　×　内製工数　＝　基準外注単価

という計算をし、これの五％とか一〇％安いとかいうのなら納得できる。それを、

外注工場賃率　×　社内工数

で計算されたのではたまったものではない。いま、この点の話合いをしているのだが、係員がぜんぜん話がわからずに困っている」

これらの例のようなことは、どこへいっても聞かれる下請の悩みである。

これは親工場側のまちがいである。世に外注管理の本は山のようにある。しかし、このことについてふれている本は、筆者の知るかぎりではない。完全な〝経理オンチ〟なのだ。それが外注管理実務の指導書なのである。

このような誤りは、工賃というものの性格を知らないことからおこる。

工賃は、〔賃率〕×〔工数〕で計算されるものである。したがって、ある品物を二社で加工するとして、

	賃率		工数		工賃
A社	8円	×	10分	＝	80円
B社	10円	×	7分	＝	70円

というように、賃率が高くとも、工数が少なければ工賃が安くなる。

親工場で求めるものは、賃率の低いことではなくて、工賃の安いことである。賃率がいくらであろうと、工数がどれだけであろうと、これらのことはどうでもよい。この二つを掛けあわせた工賃が問題なのである。

作業の合理化というのは、一口にいえば、工数を節減することである。そして、工数の節減に最も効果のあるのは、新鋭設備である。こうなれば当然賃率は上がる。賃率はいくら上がろうと、要は工数との掛けあわせで、工賃が安くなればよいのである。

賃率そのものは、いくらであろうと問題はない。というよりは、賃率は高く、工数は少なく、というのが近代化の姿なのだ。

筆者は、ある会社の社長から、

「うちの会社の賃率は七円五〇銭ですが、親工場から高いといわれております。うちくらいの会社の標準賃率はいくらくらいなのでしょうか」

という質問をうけたことがある。このように、賃率が高いということは、あたかも合理化が遅れているか、放慢経営をしているためである、というような考え方を自他ともにもっていることが多い。

賃率の高低は、工賃とは比例しないことを知らずに、賃率が高ければ工賃が高くなるような思いちがいは困ったものである。賃率はいくら以上は認めないというのが、おおかたの親工場の態度である。これはたんなるまちがいだけでなく、合理化の、そしてほんとうのねらいであるコスト・ダウンそのものを遅らせ、あるいは阻害する要因になっているのだ。

新鋭設備を入れて工数を節減しても、賃率をあげてもらえなければ、なんにもならない。いや、かえってマイナスになる。そこでほんとうの工数をかくす。親工場との化かしあいがはじまるのである。だからといって、下請を責めるのはまちがっている。自衛のための当然の行為なのだ。

それを、親工場の威力で、下請工場の実地調査をやってほんとうのことを調べあげ、これに既定の賃率をかけて工賃を算出したのでは、下請工場は立つ瀬がない。これでは合理化への意欲を失うか、さもなければ親工場不信の念をもつようになる。

しかし、下請としてはもしも合理化をしなければ、こんどはほんとうに参ってしまう。進退きわまれり、という苦しみをしているのだ。

親工場のほしいのは、賃率の高い低いではなくて、工賃の安いことである。賃率に代金を払うのではなくて、工賃に金を払うのだ。だから、工賃を下げること、それ自体だけに関心を示せばよいのだ。

たとえば、いままで工賃一〇〇円の品物は、賃率にはふれずに、一〇%引きの九〇円を要求する、というように、それを合理化で引きあうようにもってゆくのが、下請工場の役目なのだ。その結果、いままで一〇分かかったものが八分でできるようになったとする。そうすると、一日四〇〇分として、下請工場の収入は〈表12〉のようになって、下請工場の収入も多くなる。こ

表 12

工賃100円で工数10分のとき	100円	×	$\frac{400分}{10}$	=	4,000円
工賃 90円で工数8分のとき	90円	×	$\frac{400分}{8}$	=	4,500円

の増益分で、合理化の費用をまかない、賃上げをし、なおあまった分をつぎの合理化資金や資金蓄積にもっていく。親工場も、下請工場も、そして従業員も、みんな得をするのだ。これがほんとうなのである。

それを、合理化しても賃率を上げず、工賃を実際工数で計算したら、下請工場は減収になる。下請工場の犠牲において、合理化の利益を全部親工場に吸い上げてしまうのでは、結果においては鬼である。ところが、この鬼はバカな鬼である。そのときだけは親工場のもうけのようにみえても、下請工場は減収になるから、合理化の費用を生みだす力は弱くなる。こうなると、いくら値下げを要求しても、下請工場はこれに応じられなくなる。前のように、下請工場にも、もうけさせるようにしておけば、何回も何回も値下げを要求し、下請でもこれをのむ力があるけれども、後のようにしたのでは、何回も値下げさせることはできない。これを強行すれば、下請工場は、ますます弱くなって倒産してしまう。しかし、倒産するわけにはいかないから、その親工場からはなれていく。

賃率にこだわったばかりに、下がるべき工賃も下がらないとは、まったくバカなやり方である。

生兵法は大ケガのもと。賃率の使い方を誤ると、生産性向上を阻害し、コスト・ダウンで遅れをとる。自分の首を自分で締めることになるのである。

表 13

$$損益分岐賃率 = \frac{過去数カ月間の固定費の平均 + 予測される増分固定費}{将来予測される直接工の工数}$$

$$必要賃率 = \frac{損益分岐賃率の計算式の分子 + 必要利益}{将来予測される直接工の工数}$$

$$実際賃率 = \frac{特定期間(または特定製品)の上げた付加価値(工賃)}{分子の付加価値を上げるために投入された工数}$$

賃率のほんとうの使い方は、外注品の工賃算定に使うよりも、自社の採算性および生産性の測定や評価に使い、前向きに利用することだ。その考え方とやり方を、次項の「採算性の測定はこうして」で説明することにする。その説明の前提として、賃率の計算法をつぎに述べよう。

賃率を、少なくとも損益分岐賃率、必要賃率、実際賃率の三つくらいには分けて考えるのである。

賃率は、将来に向かって前向きの姿勢で使うのがほんとうであるから、その計算式は、ある期間について、〈表13〉となるのである。必要利益は、利益計画にもられた数字であり、もし、はっきりした利益計画がないなら、それ自体問題なのである。うちの会社は下請だから、そんなことはできない、と考えてはダメである。下請であろうとなかろうと、必要利益がなければ食っていけないのだから、必要利益はいくらか、を押えてこれを上げるための対策をとらなければつぶれてしまう。利益を上げられるとか、上げられないとかの問題ではないのである。どうしても、ぎりぎり最低限必要な利益はこれこれである、というふうに、利益は、〝できるだけ多くの利益〟ではなく、〝どうしても、これだけは〟という最低利益を押え、これを上げることが、ギリギリ、最低限の生きる要件なのだ。

では、この必要利益のメドをどこにおいたらいいか。その簡単な方法を、田辺昇一氏はつぎのように教えてくれている。

下請企業……年間税込利益は従業員一人当り一〇万円以上
自社製品をもつ工場……年間税込利益は従業員一人当り二〇万円以上

中小企業には、まことに便利な指標であろう。

6・8 採算性の測定はこうして

いままでの原価計算の考えは、個々の製品または個々の部門の原価を計算して、いいとか悪いとか、狭い範囲の検討に終始している。

しかも、それらの計算さえ、真実の姿とはまったくちがった数字をかってにつくりあげているのであるから、ほんとうに何をかいわんやである。たいせつなことは、そのように個々のものではなく、会社全体として、どのような製品の組み合わせがよいか、部門活動の結果はどうかを発見し、測定して、将来に向かってどのような手をうつべきかを見きわめることなのである。

採算性分析は、どのような製品が斜陽化しつつあるか、重点品目は何にすべきか、販売政策

表 14　○○月度製品別採算性分析表

品　名	生産または販売数	1台当り付加価値	付加価値計	同左順位	投入工数	単位時間当り付加価値	同左順位
		円	円		時間	円	
計							

の効果はどうか、内部活動の問題点はどの部門にあるか、などを測定するものである。

経済情勢や業界の変化に対応し、適切な経営戦略をうちだすことや内部管理方針の検討による対策の樹立など、将来に向かって行動することが会社の活動の正しい姿である。そのための基礎的な資料として最も重要なものの一つが、この採算性分析なのである。

まず製品別の採算性分析からいこう。これは、**〈表14〉**のような形にまとめるのがよい。

これは、主として経営戦略の分野であり、営業活動の分野である。

この分析表から、まず付加価値の絶対額の順位をみる。付加価値はさらに単位時間当り賃率と比較して、

1　必要賃率以上をえているもの

2　必要賃率に満たず、損益分岐賃率以上のもの

3　損益分岐賃率以下のもの

表 15　○○月度部門別採算性分析表

部　門	部門付加価値	投入工数	単位時間当り付加価値	同左基準月に対する指数	部門賃金	単位賃金当り付加価値	同左基準月に対する指数
計							

に分けてみるのである。

そして、絶対額とこの伸びの動向、賃率の高低をにらみ合わせて、採算性向上の方策を練るのである。とくに、損益分岐賃率以下の製品が、会社全体の業績を大きく低下させている元凶なのであるから、こうした製品の処置を、はっきりときめるべきである。このさい注意しなければならないのは、〃オトリ製品〃である。これは、製品自体としては採算が悪くても、他の採算のよい製品のために役だっているのであるから、必ずしも不採算製品とはいえないのである。もう一つは、もしすてるばあいには、それをすてたことによって生じた余力が、他に転用されて、それ以上の付加価値を生みだす見通しがないばあいは、すてるべきではない、ということである。すてた製品の付加価値まで、まるまるすててしまうからである。

つぎに部門別の採算性である。これは〈**表15**〉のようにまとめるのが便利である。

これは、主として内部活動の分野であり、部門経営者の業績測定に使うのである。これをみるばあいは絶対値ではいけない。必ず傾向でみるのが正しい。なぜかというと、採算性は基本的には受注価格できまってしまうのであるから、これは部門経営者の責任ではない。経営者の責任分野である。

もし、絶対値でみるなら、はじめから割りのよい製品を受持った部門は、労せずして成績が上がっているような評価をうけ、割りの悪い製品をあてがわれた部門は、いくら努力しても、それを認めてもらうことはできないからである。

傾向評価ならば、割りのよい製品をもっている部門であっても指数が上がらなければ問題であり、割りの悪い品物をつくっている部門でも、努力すればそれは指数にあらわれるからである。

基準月に対する指数というのは、普通の場合には、前年度の平均をとればよいだろう。そして、この基準は年間を通して変えてはいけない。これを変えたら、業績評価の基準が崩れるからである。よく、〝前月比〟という指数を使う人がいるけれども、これは、月々基準が変わるので使ってはいけないのだ。前月比は上昇していても、前々月に対しては下降していることもあるからだ。前月比では、この関係を誤って判定するおそれがあることはすでに述べたとおりである。

この表は、製品をタテ割りにつくっているばあいには問題ないけれども、ヨコ割りのときに気をつけなければならない点がある。

ヨコ割りのばあいは、製品ごとに実際工数を測定して、部門別の工数%を算出し、これを製品の単位あたり付加価値に掛けて、部門別の単位あたり付加価値を算出すればよい。これも、あまり厳密にしたり、その割りふりに神経を使うことはいらない。もし、基準に大きな誤りがあったとしても、傾向で評価するかぎり、これらの誤りは完全に消滅してしまうからである。

このように内部管理における評価は、必ず傾向で評価することである。でないと、業績の評価を誤り、努力している人間や部門、有能な部門経営者などを、腐らせたり、発見できずに埋もれさせたりするからである。

最後に間接部門の採算性の分析である。従来の考え方では手も足もでない分野である。数字であらわすことができないからである。そのために間接人員はどうしても増加の傾向がある。そして、大部分の会社では、これに悩みながらも、きめ手がないばかりに手がつけられない。わが国の会社の生産性の低さの一因は、じつにこの間接人員の比重の大きなことにある。むろんこの間接人員は、現事業部門のことであって、未来部門の人員のことではない。

ところが、これの測定は、そうむずかしいことではないのである。間接人員は、現業部門へのサービスが目的であり、あるいは生産品を販売することである。そこで、これらの部門は、会社全体の付加価値を基準にして考えればいいのである。それを〈表16〉のような形にまとめてみるのである。

見方の要領はまえと同様である。もし、間接人員が増加して、これが会社の付加価値の増加に役だっていないなら、たちまちに指数が下がる。間接人員の増加にお悩みの向きは、数年間

表 16　○○月間接部門採算性分析表

会社全体の付加価値	部門	人員	1人当り付加価値	同左基準月に対する指数	部門賃金	単位賃金当り付加価値	同左基準月に対する指数
計							

にわたって、この表を作成して、その結果をみられたらいいと思う。

6・9　やぶにらみの財務分析

従来行われている財務分析は、なんの目的で行うのであろうか。世の権威ある専門書をひもとくと、

1　資本の収益性、活動性、安全性を測定する

2　資産の構造、負債の構造、およびそのつり合いを相互の金銭的比率で算出して、その可否を判定する。

3　経営を円滑にするために、資産の在庫高ならびに構成の適否を考える

というようなことがうたってある。しろうとにはよくわからない。しかも、もっともらしいことである。

しかし、筆者にいわせたら、これらは、ウソかま

ちがいのどちらかである。

従来の財務分析のほんとうの目的は、企業の優劣判定なのだ。あの会社の株は「売り」か、「買い」かという投資家や投機家のためのものであり、金を貸すか貸さないほうがいいか、という金融機関のためのものなのである。

外部の人のための財務分析であって、その会社自体のためではないのである。だから、やたらと抽象的な比率をならべたてて、他社と比較したり、標準と比較したりするのである。このような財務分析が、会社の役にたつわけがない。優劣を判定してもはじまらないではないか。

人体にたとえれば、

「あなたの血圧は一六〇である。標準は一四〇であるから、二〇高い」

というだけなのだ。ではどうしたらいいか、と質問すると、「血圧を下げなさい」というだけなのだ。なんと不親切な医者ではないか。

患者が知りたいのは、血圧の高い原因はなんであるか、どのような治療をすればいいのか、という具体的な勧告であるはずである。

そうしたものは、いっさい教えずに(ほんとうは教えられないのだ)利益率が低いとか、回転率が悪いとかだけである。具体的な示唆は何もしてくれないのだから、さっぱりありがたくない。心配の種がふえるだけである。

企業体でほんとうに必要なのは、「わが社の問題点」なのであり、「問題解決の具体策の手がかり」なのだ。真に経営に役だつ前向きの財務分析がほしいのだ。

表 17

分析項目	ねらい	たとえ
① 対売上利子割引料率	資金繰りの総合判定	体温
② 総資本利益率 ＝売上利益率 × 総資本回転率	資本効率の総合判定	体力
③ 売上高年計	成長度の測定	若さ
④ 売上げ、比例費、付加価値、固定費、利益の関連分析	費用効率の測定	体質
⑤ 総資本,設備,労働,賃金と付加価値との関連分析	生産性の測定	活動力
⑥ 損益分岐点	安全度の測定	健康度

筆者はこのような財務分析を〝**実戦的財務分析**〟と称している。

実戦的財務分析のための要件は、

1　傾向を分析すること

絶対値のよしあしは、問題点という観点からは、どうでもよいのである。要は、その値がどのような傾向をとっているか、ということなのである。同じカユを食べている病人でも、固いメシが食べられなくなったのと、重湯しか食べられなかった重病人が回復してカユが食べられるようになったのでは、病状も治療もぜんぜんちがうからである。従来の財務分析は、カユを食べている事実しかみないのである。

2　具体的なものであること

従来の財務分析は、やたらと二つの数字の関係を〝率〟で抽象化してしまう。しろうとには、わかりにくく、敬遠される理由の一つはここにある。抽象的な比率では、具体的な対策をとる参考にするのはむずかしい。

実務家の活動の対象は抽象的な比率ではなく、売上高であり、材料費であり、人件費であり、利子であり、借入金であり、というような具体的なものなのだ。

いま、材料費の各種比率におよぼす影響を考えてみると、総資本利益率、売上利益率、総資本回転率、流動比率、流動資産回転率、支払勘定回転率、原材料回転率、仕掛品回転率と、ちょっとあげただけでもこれらのものがある。その他、人件費や借入金なども同様である。とするならば、それらの具体的な費目自体の問題の有無と重要度、対策などがわかれば、それでいいのであって、抽象的な比率などは、外部のヒマ人にまかせておけばよいのである。

3　人の活動状況が測定できるものであること

財務の数字は、人の活動の結果である。であるから、その活動状況を財務面からとらえる必要がある。つまり、生産性の測定が必要なのである。

以上のような要件をそなえた実戦的な財務分析とは、〈表17〉のようなものであろう。

普通のばあいには、これくらいで十分である。いずれも、三年以上について、断面データと時系列データを組み合わせた一覧表にして検討に便利な形にまとめる必要がある。このうち、③、⑤についてはすでに説明した。①、②、④、⑥については、前掲の拙著にゆずることにする。

7章

時代おくれの教育訓練

7・1 教育訓練空白時代

戦後、日本の大企業にとり入れられた企業の教育訓練が、最近では中小企業まで浸透しつつあることは、「まことに、けっこうである」といいたいけれども、それが大衆化したという現象そのものは喜ぶべきであっても、その内容は果たしてどうであろうか。その効果はどうなのか、ということになると、これはけっして手ばなしで喜んではいられないのである。

もちろん、それなりの効果があったことはたしかである。筆者も教育の効果を認めるのに、やぶさかではない。

けれども、その効率の悪さにいたっては、まさに、二メートル四方の篩(ふるい)を二〇枚も重ねて、ふりまわし、少しばかりの粉をより分けている製粉作業と比肩するものがある。

製粉では、年ごとにその篩分けの効率が下がるわけではないから、まだ救われるとして、教育訓練では、年ごとにその効果と効率が低下してきているのは、まことに寒心すべきものがある。しかも、効果が少ないわりに、その副作用は無視できないほど大きなものがある。これがほとんどの人に気づかれていないのであるから、おそろしいことである。

わが国の教育訓練なるものは、国情も習慣も違う、アメリカの教育訓練方式を直訳したものである。わが国の企業の内部からおこった切実な要求から生まれたものでないところに、まず大きな問題がある。

つぎには、それらの教育訓練の考え方や内容が、時代から取り残されてしまったからである。生まれてから、ほとんど、なんの進歩も革新もみられないところは、会計経理の概念と双璧をなすといっていい。急激な変貌を遂げつつある産業社会で、教育訓練が変化に超然としていること自体が、すでにおかしい。〝自己革新能力〟をもたない教育訓練は〝死物〟ではないかと疑いたくなる。生きているなら、成長があってよいはずではないか。

変わる現実に変わらぬ教育訓練、両者に遊離が生ずるのは当然である。教育訓練とは、現実と対決していくための考え方や態度を身につけさせるべきであるのに、現実とはなれてしまったのでは意味がない。

アメリカ直輸入の教育訓練の転機とか再検討とかいうようなことが、しばしば論じられてきたのは、そこに理由がある。

現在ほど、教育訓練に大きな関心がもたれ、各種の訓練団体や企業自体の教育機関による教育態勢が整っていたことはない。しかし、内容的にみたばあいに、おそろしいほどの貧困さである。

明治維新の原動力となった「松下村塾」のような、〝真の教育〟があまりにも少ないのである。「企業の運営に関係しているものは、真に有効適切な実行、実践が主だった目的であり、われわれにとって役にたつ理論とは、こうした成功をおさめた実行に基づく理論以外の何ものでもない」(ドラッカー)のにもかかわらず、現在の教育理論には、空理空論が多すぎる。

「畳の上の水練よりも、海にとびこんで潮水をのんでみることが必要」（田辺昇一）なのであって、そこから出てくるものが、ほんとうの教育のもとになるのだ。

タタミの上の水練があまりにも多すぎる現在の教育は、量だけは多くとも、正味は驚くほど少なく、大部分は包装である。まさに、おそるべき〝教育訓練空白時代〟なのである。

筆者自身、このタタミの上の水練を教わって、海にとびこんで、おぼれかけたことは数しれない。包装を本物と思いこんで、どのくらい高い買物をしたか数しれない。

この本に書かれていること自体が、こうしたにがい経験をした筆者の苦しみの告白であり空論への抗議でもあるのだ。

7・2 知識にかたよりすぎた教育

実技訓練や一部の識者の教育をのぞけば、現在の教育訓練はあまりにも知識・技術にかたよりすぎている。小手先の技巧にとらわれすぎている。

「知識のみ身につけることは、いたずらに人間をあさはかにするのみである」（田辺昇一）のだ。

学校教育の目的は〝人間形成〟である、とはっきりとうたわれている。企業内訓練の目的も〝人をつくる〟ことが目的であることはまちがいない。

それなのに、それでもか、これでもかとばかりに、〝やり方〟を教えこむ。ノウハウものの氾濫である。かんじんの〝精神〟はそっちのけである。あるアメリカ人が、「日本人のつくるものは、形だけはわれわれの製品と同じである、しかし魂がこもっていない」という痛烈な批判をしていた。まったく、そのとおりである。『暮しの手帖』の実験報告をまつまでもなく、筆者の家で使っている、いろいろな〝一流メーカー品〟で及第点をやっていいものは、ほとんどないといってよい。一カ月でワーレン・モーターの故障した洗たく機、三カ月でチューナーの故障したテレビ、ひと夏で汗のはいった完全防水時計、ひと冬で温度調節器が動かなくなった電気アンカ、半年で油量計のダメになった石油ストーブなど、要するに魂がはいっていないのだ。

物をつくるのでも、教育でも、形だけまねても精神が忘れられていては、なんにもならない。アメリカの〝サルまね〟では魂は学べない。

アメリカ人と日本人は、もともと鍛えられ方がぜんぜんちがうのだ。それは両方の歴史をみればわかる。徒手空拳で新大陸に渡った移民は、とにかく生きなければならなかった。猛獣毒蛇と戦い、疫病に悩まされ、生き残るためには、頼るのは自分だけであり、自分たちの家族だけであり、自分たち仲間だけだったのだ。だから、〝生きる〟という至上命令によって、理屈ぬきで行動しなければならなかったのである。だから理屈ぬきで行動するということは、アメリカ人にとっては事新しくとりあげる必要はない。

そうした前提のうえにたって、つぎに出てくるのは〝やり方〟、〝方法〟なのだ。

ところが、日本人は神武天皇、いやもっと昔から、とにかくも統治者がいて、統治者に従ってさえおれば、最低限の生命財産は保証されるという生活を二、〇〇〇年来つづけてきている。

いわば精神的な〝お坊ちゃん〟なのだ。

そのお坊ちゃんが、アメリカ式の〝やり方〟だけを学んだところで、魂がわかるわけがない。人間は苦労しなければダメである。こうした観点からみたばあい、日本人は不幸な民族である、という見方もできるのである。

苦労を知らない日本人に、理屈ぬきで働くことを教えこむのは至難のわざであろう。ここに、日本の企業における教育訓練のほんとうのむずかしさが、あるのではないだろうか。教える者にとっても、教わる者にとってもである。

しかし、望みなきにあらず、それは最近の産業界の様相である。自由化と開放態勢のあらしは、ますます吹きつのり、鍛えぬかれた先進国のなかにぶちこまれて、激烈な生存競争のなかでなんとしても生きてゆかなければならない日本の立場である。そこには大きな試練や危機が、つぎからつぎへとおそってくるであろう。昭和三九年の不景気は、その第一波にしかすぎないのだ。これからますます激しく、大きなピンチがくり返し、われわれをおそうであろう。それらのピンチを切りぬけ切りぬけする過程で、われわれは鍛えられ、考え方も変わっていくことであろう。

奇妙な期待ではある。がしかし、これが筆者の本音なのである。

とはいえ、われわれは手をこまねいて教育を断念するわけにはいかない。むずかしいのは覚悟のうえで取り組まなければならないのだ。

たんなる知識・技術ではなく、魂、根性、知恵、洞察力、判断力、決断力、行動力、といったものに重点をおいた教育をしなければならないのである。

まず、〝人間形成〟に重点をおいた教育をするよう、指導者、教育者自身が自分を教育すべきであろう。

自分を教育する能力が、すなわち人を教育する能力であることを認識することからはじめなければならないのである。

7・3 理想像のみ教えるのは危険

知識・技術のみ教えてもダメだといっても、筆者は知識・技術の教育の必要性を否定しているわけではない。やはり、たいせつなことにはちがいない。これらは高いほうがいいにきまっている。ただし、従来の知識教育では、非常に困る点がある。不用意な教え方をすると、かえって逆効果を生じるおそれが多分にあるからだ。

教えるほうは、ありったけの知識をふりしぼって、これでもか、これでもか、とばかりに理想論をつめこむ。教えられるほうは、なんの用意もないところへ、〝かくあるべし〟という理想像を知識としてとり入れる。

ところが、現実はそうはいかない。理想像などありえない。また永久に望めないことなのだ。そこに理想と現実とのくいちがいができる。その結果は、あるいは教育に対する不信となってあらわれ、あるいは、現実に対する批判となってあらわれる。おそろしいのは、現実に対する批判である。それが、組織に対するものや、責任権限などのうちはまだいい。しだいに上司に、そして経営者に対する批判に変わっていく。経営者に対する信頼感をなくしていくのだ。金と時間をかけて、よかれと願った教育が逆の結果を生むのである。これは会社にとっても、本人にとっても不幸なことである。

教育訓練屋さんは、この危険についての認識がほとんどないといっていい。教育訓練とは、講師が自分のうん蓄を傾けて、相手に知識を植えつけることではない。

欠点だらけの、ドロドロによごれた現実に対処して、どうやって自分自身を高め、会社に貢献するかの道をみつけてやることなのだ。知恵と勇気を身につけさせてやることなのだ、と筆者は思うのだが、読者はどう思われるだろうか。

7・4 最上の教育は経営者の方針

「実業の日本」昭和三九年一二月一日号から田辺製薬社長、平林忠雄氏の論文の一節を引用してみよう。

私は「自らをもっともよく教育した人間のみが、他人をもっともよく教育することができる」と思

う。自分で自分をコントロールできないような人に、他人を指導する力がある筈がない。その意味で自己教育のできる人が権限をもち、そういう人々を育成することによって、はじめて権限を委譲するようにする外はないと思う。それには自分を自ら教育する社風といったものが形成されねばならない。

さいきん社員教育がさかんで、管理職の話、あるいはセミナーもよくおこなわれている。そのこと自体はおおいに結構で、これによって社員のレベルアップが図れれば喜ばしいことである。それと同時に大切なことは、会社全体に「自ら自分をレベルアップすることが、自らを成功せしめる道」という自覚と実践が、充満した空気をつくることである。私が経営者の立場で、作りつづけている空気はこれで、そういう雰囲気をつくることが、一人々々に自ら自分を教育せしめることになり、会社発展のキメ手にもなると思うのである。

私は、社内にいくら努力しても学歴が低いからダメだ、という空気が以前はあったので、まず学歴のカベをとった。また中途入社とか出身が田辺製薬に向かないというようなカベもとった。私は会社内で仲よく仕事をする者、さらに仲よく仕事ができるよう指導できる人を尊重することを、人事方針として打出し、現実の人事異動、昇給、昇格など人事の実行にこれをハッキリと示してきたのである。

こうして、私が経営にタッチして以来この十年間に、社内の雰囲気はスッカリ変り、会社も急速な成長をとげ私自身をワンマン経営者たることから解放したが、その原動力となったのは、人的条件の向上だったと思う倒産にひんした会社を立直らせただけでなく、大きく成長させた人の言である。平林氏はこれを〝自動教育法〟といっている。トップの方針と行動こそ教育の基本である。

占部教授は、「抜てきを行なわなければ、教育効果はあがらない」といっている（＊1）。

企業内訓練のねらいは、〝企業の業績をあげるような行動〟をする従業員をつくりあげることであるはずだ。とすれば、そのねらいを実現することが真の教育であって、必ずしも形式的な教育訓練を意味しない。いな、形式的な教育訓練そのものだけでは、目的を達することはほとんど不可能だといっていい。

経営者の行動こそ、何ものにもまさる教育である。そして、たいせつなことは、従業員に、勉強することが自分のためになる、という自覚をもたせることである。これは、平林氏もいっている。占部教授も女子バレーボールの大松監督もいっている。本田宗一郎氏は「自分のために働け」というのが口ぐせである。

人間、自分のためになることなら、どんな苦しみにも耐え、努力もするものなのだ。だから、そうなるように、上司がもっていきさえすれば、あとは本人が自分で自分を教育する。平林氏の〝自動教育法〟とは、まったくうまいことをいったものである。

7・5 行動させることが最上の教育

先年、文部省の国立教育研究所の矢口氏から(＊2)、「学校教育についての反省」をうかがって、非常な感銘をうけたことがある。それは、つぎのようなことである。

学校教育の研究は、はじめのうちはことばによる注入法にあった。研究授業などによる、教師の教え方、それに対する生徒の応答などであった。

研究を進めていくうちに、大きな疑問が生じてきた。というのは、研究の対象はもっぱら教師の言に反応する生徒であった。ところが、ほんとうの問題は教師の言に反応する生徒ではなくて、反応しない生徒ではないのか、ということである。これに対して、いままでほとんど研究されていなかった、これは大きな手ぬかりである、ということに気がついたというのである。

そこで、教師に対して反応しない生徒の観察をはじめた。驚くべし、八〇%の生徒が反応しないというのだ。講義式の歩留り二〇%、残りの八〇%はなぜ反応しないのか、どうしたら反応させることができるか、ここに問題の本質がとらえられたのである。

そして、その解答はなんであったろうか。それは、みずから行動し、経験することによって学ぶことである、というのだ。「わが身をつねって、人の痛さを知れ」というコトワザの再認識であった。

Learning by doing——学習は成したことによって成立する——のだ。

生徒をみずから行動させる教育、それが集団教育としてのグループ活動、自治活動であり、プログラム学習などであるという。

プログラム学習は、

1 教材をあたえ

2 生徒が反応し、みずから行動して

3 生徒が自分自身で判断し、これを表現する

4 その結果、通告を生徒みずから確認する

という仕組みになっている。

プログラム学習のほんとうのねらいは、教師の不足を補うものでもなければ、機械化でもないのだ。以上が矢口氏の話の要旨であった。

筆者は大きなショックをうけた。同時に筆者の疑問にあたえられた解答でもあった。トルストイの『クロイツエル・ソナタ』のなかに、「人の痛手を笑いおる。自分で傷を負ったことのないやつは」というセリフがある。その意味の深さをはじめて知ったような気がしたのである。

人は、生活のなかで、仕事のなかで経験し、行動することによって、ほんとうに学ぶことができるのである。

企業教育も同じである。従来の歩留り二〇%の講義式訓練だけではいけない。被教育者を行動させることを考えていかなければならないのだ。そうでなければ、教育訓練は永久にドロ沼

からぬけだすことはできないであろう。

では、行動させることによる教育とは、いったいどのようなものであろうか。これについて少し考えてみよう。

1 教育に役だつ最良の道具は、その人たちの仕事自身である

部下を教育し、能力を高めたければ、部下に従来の仕事以上に大きな仕事をあたえ、重い責任を負わせることである。「国危くして忠臣出で、家貧しくして孝子出ず」というのはこのことをいっているのである。

人間には、潜在意識という不思議なものがある。危機にたち、重い責任を負わされ、高い目標を設定すると、潜在意識の活躍によって、いままで思いもおよばなかった大きな力が発揮されて、りっぱに事をなすものである。

将棋の木村義雄名人は、勝負に勝たなければ、それは生活の破滅につながった。一家の生活を双肩にになっての死にものぐるいの修業であったということである。

アイデア社長といわれる市村清氏(リコー創業者)は、「アイデアは、だそうとしてでるものではない。ギリギリのところまで追いつめられた苦しまぎれの産物である」といっている。

吉川英治氏は、不朽の名作『宮本武蔵』のなかで、二刀流はくふうによるものではなく、一乗寺の決闘において、自己の能力を最大限度に発揮させなければならない生死の瀬戸ぎわにたたされたときに、無意識のうちに生まれたものであるとしている。

試練は人を強くし、能力を伸ばす。幹部は部下にムリをいい、窮地に追いやることである。そこに部下の能力を向上させる道があるのだ。

部下の能力不足をなげき、能力にふさわしい仕事と責任しかあたえないのでは、部下は永久に育たないであろう。

2　実務のなかで教育せよ

重荷を負わせただけでいいというわけではない。部下の苦しみをみているだけでは芸がない。タイミングのよい指導と助言は必要である。では、どのようにしたらいいか、ヘタをすると干渉になり、任せたつもりで任せなくなる。

これについては、これという法則も知られておらず、方法も開発されていない。マネジメントのなかで最も未開の分野の一つである。

ということは、これらの法則や方法の開発が急務であることを物語っている。

こうしたものは、職業訓練屋に期待してもダメである。企業体の中で、企業体の人々によって開発する以外にはないといっていい。

3　事例研究とシミュレーション

思考の行動をし、自己を啓発し、討議によって相互に啓発しあう事例研究は、最もすぐれた教育法の一つである。

特定企業の、特定時点における問題点をとらえ、これにいかに対処していくか、その企業の人になりきって考えぬき、討議をする。その過程で自己を高めていくという訓練方式は事例研究独得のものであろう。シミュレーションもこれと類似の性格をもっている。これは講義だけでは効果がうすいばあいに、じっさいの状況の特徴をもった、〝状況設定〟をし、演習をやることによって理解を深め、能力を身につける訓練方法である。

どちらも被教育者を行動させることによって、体得させるという訓練方式である。

筆者は、かつてセミナーの企画担当をしたことがある。そのとき痛感したことは、もはや講義式の訓練は参加者にとって魅力がなく、それに反して、事例研究やシミュレーションは圧倒的に評判がよい、ということである。参加者自身も、知識なら本を読めばえられる。本によってえられないのは行動であり、行動によってえられる態度であり、考え方である。これを満たしてくれるものが事例研究であり、シミュレーションなのだ。前掲の矢口氏の話と思いあわせて、これからの訓練は、知識や技術は本にまかせて、参加者自身に参画させ、行動させ、思考させることでなければならないのだと思う。これにヒントをえて、筆者は中堅幹部の考え方、態度、思考力の向上をねらった、〝教訓抽出〟訓練の開発を志した。

それは、公開されたいろいろなケース、それもなるべくマネジメント関係の専門書をさけ、教養書、小説、新聞、週刊誌など、もろもろの本からえたものを、参加者に研究させ討議させる、というものである。

これはどこでも、予想外の好評であった。某社では数十回これをつづけているうちに「最近うちの中堅幹部の態度が変わってきた」という感謝のことばをうけた。これは筆者自身の驚きであった。

これからの教育法として、このような、態度、考え方を身につけさせるものが、ますます必要になってくることはまちがいないであろう。

4　問題解決会議

これは訓練であると同時に、実際問題の解決という一石二鳥のものである。

参加者のそれぞれの階層、それぞれの職能において、日常当面している問題をとりあげて、その原因を追求し、対策を討議し、決定するというものである（「3章 3・9 問題解決の考え方」を参照されたい）。

これも、すでに数社で実施して喜ばれている。討議してみると、意外なほど問題が解決していくのである。それ以上に考えさせられるのは、それらの問題の原因の大部分は、上級幹部にあるということである。横の連絡の悪さは、それらの人々が話し合ってみると、それらの人々の責任というよりは、上からの指令にあるということなのだ。前に、ほんとうにコミュニケーションの悪いのは横ではなくて、上から下であるといったのは、ここにもその実証がある。

＊1　占部都美（うらべ・くによし）氏は、神戸大学教授などを務めた経営学の泰斗
＊2　矢口新（やぐち・はじめ）氏は、国立教育研究所（現・国立教育政策研究所）などに在籍した教育研究者

8章

破算しかかっている人間関係論

8・1 腰ぬけをつくる人間関係論

「戦後アメリカから輸入されてきたヒューマン・リレーションズ論は、日本の会社の伝統である〝和〟の精神に学問的な裏づけをあたえるという逆効果を果たした」（占部都美）のである。何事も〝仲よく〟やるのがいいのだということになって、個性のない同調主義者、いいたいことも部下にいえない腰ぬけ幹部をつくるのに、大きな貢献をしてきたのである。

独創的な人、革新的な人、積極的な人は、会社の尊い財産である。こうした人々は個性が強い。その個性を同調主義のなかで殺していく。それが人間関係をよくする道であるからだ。これでよいのだろうか。「角を矯めて牛を殺す」の愚でなくてなんであろうか。

〝部下の気持〟、〝部下の立場〟、〝部下の納得〟ばかりを強調する。それでは、〝上役の気持〟、〝上役の立場〟はいったいどうしてくれるのだ。上役はひたすら部下のことのみに神経をすりへらし、部下に礼をつくさなければならない。にもかかわらず、部下は上役の立場を考える必要はないらしい。部下の上役に対する非礼は許されるというのだろうか。〝礼〟というものは、交換するものであって、一方的なものではないはずである。これも何事も〝丸くおさめる〟ための上役の投資であるというのだろうか。

優秀な日本の経営者たちは、こんなくだらないヒューマン・リレーションズなどには目もくれない。

帝人を立ち直らせたばかりでなく、業界の雄にのしあげてしまった大屋晋三社長は、〝帝人の社員行動指針〟として、
1　常に視野を広くし新しい知識を絶えず世界に求め指導力をもつ人となること。
2　自己の仕事については常に第一人者たるべく努力し個性ある社員となること。
3　積極的に仕事に当り摩擦を恐れず常に責任をもちつつことに当る人となること。
4　よいと信じたらいかなる障害にも負けずやりとげること。
5　経験を活用し経験の中から合理性を見出すこと。
とうたっている。堂々たる人間指導論である。進軍ラッパである。ウジウジした人間関係論など薬にしたくもないではないか。

自分で信念をもって行動する人は、摩擦をおそれず、障害をぶち破っていく。独創的なアイデア、革新的な考えほど、つねに批判や反対がつきまとうのである。そうしたものをおそれたら、進歩も革新もないのである。

これからの経営に必要なものは、いたずらに摩擦をさけ、トラブルを防ごうとする人間関係論ではない。

前向きに、革新的な考え方を信念をもってつらぬき通す「マン・パワー論」でなければならないのである。

8・2 現場の人々のみを対象としている

前項のような、アメリカ流のヒューマン・リレーションズ論の欠陥は、どこから生まれてくるのであろうか。それには、それだけの理由があるのだ。

というのは、アメリカの人間関係論は、会社のなかで、きまったくり返し仕事をしている現場の人々のみを対象にしているからなのである。

その実証は、数年前アメリカのある会社でヒューマン・リレーションズの専任重役を任命したときに、「工場従業員のヒューマン・リレーションズのみに関係する」とはっきりとうたっている。アメリカの考えを端的に表現しているのである。

仲よくすることのみを尊しとする理由がそこにあるのだ。

そもそも、ヒューマン・リレーションズ論は三〇年前にウエスタン・エレクトリック社のホーソン工場の実験に端を発している。この実験を指導した、エルトン・メイヨー博士の論文〈産業文明における人間問題〉(邦訳名)をみれば、それが現場の人々のみを対象としていることがわかる。〝人間性の認識〟はたしかに重要な発見であった。しかし、それから三〇年を経た今日、それがどれだけの発展をしただろうか。

「最初の土台の上には、ほとんど何の上部建築もなされていない。このような点からみると、われわれが土台

そのものに疑惑の目を向けても、それは決して不当ではないのではなかろうか」『現代の経営』

ということになる。

アメリカで従業員というばあいには、事務職員、専門技術者、経営担当者などは含まれていないのである。

現場の人々の研究にのみ関心を示し、専門技術者、経営担当者などは、人間関係の対象からはのぞかれているのである。

これらの人々には、人間関係に問題はないとでもいうのであろうか。

しかも、これらの人々は、どこの会社においても、年ごとに質量ともに比重が高くなってきている。この変化には、まるっきり目をつぶっているのだ。

8・3 経営を忘れている

いまの人間関係論は、個人の心理研究を基礎とし、せいぜい生理学の分野くらいまでしか考えていない。そして、従業員の心理と生理のみに心をうばわれて、かんじんな会社を忘れ、職務を無視している。

会社は、人間関係をよくすることが目的でもなければ、個人心理の研究所でもないのである。

会社は商品を生産し、または販売し、あるいはサービスを提供することが仕事なのだ。

筆者の知っているある会社は、社長がアメリカ流の人間関係を非常に重視し、何もかも従業員と相談し、和気アイアイのうちに仕事をすすめ、従業員は楽しそうであった。けれども、その会社は数年の寿命しかなかった。

相談してきめたことは必ずといっていいくらい、常識的なムリのない線に落ちつく。これで会社がうまくいったら、つぶれる会社は一つもない。会社の方針は、社長の信念から、社長の責任で、高い目標を設定しなければ、生き残れるものではない。決定はワンマンでなければいけないのだ。チームというのは運営の面で必要なのである。

いくら従業員が楽しく働き、人間関係がよくても、会社をつぶしたら、なんにもならない。次元の低い、和の精神は会社には大禁物だ。それにひきかえ、あるすばらしく優秀な業績をあげている会社の専務（実質的な社長であった）は、従業員からいろいろ批判されていた。その専務は筆者にこう語った。

「私とて人間関係の重要さを知らないわけではない。しかし、アメリカ流の人間関係を導入して、従業員を指導したら、うちの会社はつぶれる。現実はきびしいのだ。私は従業員の批判を承知のうえで、きびしい要求をしているのだ」

この専務は、生きるための至上命令にしたがって行動していたのである。

仲よくするだけの人間関係は、それがいかに優秀なものであっても、会社にプラスにならないようなものなら、〝悪い人間関係〟である。人間関係は、会社の繁栄に優先しないのだ。

日本一のハッスル会社、本田技研には、アメリカ流のヘナヘナ人間関係など薬にしたくともない。すべては社長の〝人生哲学〟から発する〝個性的マン・パワー論〟なのである。

8・4 経済的基礎のない人間関係論はむなしい

「人はパンのみに生きるにあらず」という格言がある。たしかに一面の真理ではある。これを、人間関係論者は伝家の宝刀としている。そして収入のことを完全に無視している。

それらの人々の論拠は、従業員からとったアンケートの結果、収入は第一番にきていないか ら、というところにあるらしい。しかし、そのアンケートが真実を語っているかどうかということである。

従業員は、上司からにらまれることをおそれて、なかなか、ほんとうのことはいわないものである。

アメリカとて同様である。アメリカでも、「会社をかえる」ということを平気でするのは、専門職やマネジャー・クラスの人々であって、現場の人々は、他の会社へ移ることを極度におそれているのだ。こうした人々は、給料に不足があっても、アンケートにはこれを第一番にあげないのは日本と同じであろう。アンケートの結果は、事実の反映ではないと考えるほうが妥当であろう。

経済的基盤にたたないで、なんの人間関係であろうか。人は会社には生活のために働きにきているのであって、会社のなかで幸福になるためではないのである。

先年、筆者がある会社に出向き、社長と話をしているとき、たまたま人間関係のセミナーの案内状が届いた。そのとき、社長はこの案内状を一目みるや、サッサと破いて、くずかごに入れてしまった。

そして、

「うちの会社は、まだ人間関係のテクニックを導入するほど、従業員に給料を払っていない。従業員が、いまいちばん望んでいることは、賃金をあげてもらいたいということだ。私にめんどうくさい人間関係の改善につくすヒマがあったら、会社の業績をあげて、従業員にもっと給料をやるようにする」

といった。

筆者は、そのとき非常な感動をうけたのである。

「パンのみに生きるにあらず」ということは、観念論者にしばらくあずけて、「まず、うまいパンをあたえる」ことを最優先に考えようではないか。

「衣食足りて礼節を知る」のだ。人間関係はそこから出発しよう。まず、何をおいても賃金だ。経営者は賃金をたくさんだせるような会社にすることを第一とし、従業員は賃金をたくさんもらえるように心がけることだ。人間関係も労務管理もまず賃金からである。

とはいっても、「会社がよくなれば賃金をたくさん払えるから、みんな働け」といっても、人はけっして真剣に働こうとはしない。それはなぜであり、またどうしたらそうなるのか。それについて非常に有効な方法を次章で紹介しよう。

9章

労務管理の基礎は賃金

9・1 ある実例

東京都港区の有限会社K製作所は、従業員三〇名のネジ専門メーカーである。

(なお、ここにあげた数字は、同社社長の特別なご好意によって、じっさいの数字を発表させていただいたものである。)

社長のK氏は、戦後裸一貫からはじめて今日をなした人で、誠実、温和な人がらは、得意先の信用もあり、従業員の定着性もよい。

品質管理、労務管理などの講習会に、社長みずから参加して勉強するという熱心さであり、徐々にではあるが、会社も成長してきたのである。

しかし、昭和三五年、従業員が三〇名になったころから、会社の成長がとまってしまった。どうしても月商六〇〇万円のカベを突破できなかったのである。その原因として考えられていたのは、

1 工場を拡張する余地がない
2 労働市場が変化して、従業員がなかなか集まらない
3 年々工賃が切下げられる

などであった。

いったん成長がとまると、好ましくない要因が発生してきた。従業員の志気の低下と、付加価値に対する賃金率の上昇である。付加価値を一〇〇としたばあいの賃金率を年度別にみると、つぎのとおりである。

付加価値に対する賃金率	(昭和)三五年	三六年	三七年	三八年
	三七・〇	四八・五	四八・一	五〇・二

賃金率五〇%以上は倒産形である。このままではやっていけなくなる。生産奨励金制度はあるが、これが効力をもっていないことは、賃金率の数字がはっきりと物語っていた。

しかも、一二月には昇給があり、年末ボーナスも、従来の一カ月分では他社とのつり合いからみて、志気の向上どころか逆に、さらに低下をきたすおそれがある。反対に工賃はますます切下げられていくのである。

このままでは会社は行きづまる。なんとかしなければならない。しかし、どうしたらよいのかわからないのである。社長の悩みは深かった。

昭和三八年の秋のことであった。地区工業会の主催で、小企業の経営者たちの研究会があった。熱心な社長はむろんこれに出席した。その席上で、講師であった筆者と知り合ったのである。

演題は、成果配分方式による賃金制度であった。ラッカー・プランといわれているものである。その要旨は、……

1　従業員の志気を向上させ、生産性を高めるためには、労使どちらにもかたよらない公正な賃金がその基本であること。

2　公正な賃金とは、企業努力の成果、すなわち生産価値（付加価値のこと）に比例した賃金であること。

3　成果に比例した賃金は、過去五〇年間にわたり、世界中のあらゆる国、あらゆる業種、あらゆる業態、規模において、現実に支払われてきたという実証があること。経営者はつねに賃金を低く抑えようとし、労働者は実力にうったえても多くかち取ろうという、たえ間ない抗争にもかかわらず、その結果は比例関係になってしまうという、不思議な法則である。ということは、どのような企業でも、好むと好まざるとに関係なく、この法則の支配をうけている。

4　成果配分の法則を承認した瞬間から、労使の争いはあとをたち、労使の協働態勢が生まれること。……

などであった。

K氏は、筆者の話を聞いて非常な感銘をうけてくださったそうである。熟慮数十日のすえ、この制度を採用する決意を固めた。この決定が会社に新しい息吹きをあたえたのである。

社長は、すぐ筆者をよんで決意を話し、ラッカー・プラン導入の相談をしたのである。

しかし、こちらは慎重であった。というのは、この制度は労使の相互信頼のうえにたち、社長が絶対に約束を守る、経理を公開する、という条件がなければ成りたたないからである。過去において、この制度を採用した会社で、業績の向上につれて従業員の収入がふえると、多額の賃金を払うのが惜しくなって、細工をしたり、配分率を一方的に変更したりして、失敗したケースがいくつもあるからである。この点については、社長は十分の覚悟をもっていた。

社長は、筆者の分析した資料をもとにして、筆者とともに慎重な検討を何回もくりかえしたのである。

その結果、社長はつぎのような賃金の大綱を決定した。

1　賃金の総額を付加価値の四五%とする

2　賃金総額の四分の三を当月賃金とし、四分の一をボーナス積立金とする

3　毎月の生産奨励金は、当月賃金から固定給と残業手当を差引いたものとする

この決定に基づいて具体案が作成され、具体案による試算がくり返された。こうしてえた成案を、社長みずから全員に発表した。昭和三九年一月末のことであった。社長の誠実な人がらのために、従業員はその場で納得しただけでなく、その瞬間から従業員の態度がガラリと変わってしまったのである。

この発表会の席上で、経理担当者からつぎのような発言があった。現在、材料を三社から買っているのであるが、そのうち一社はキロあたり四円高い、値引させるか、その商社から買わないようにするか、どちらかにしてもらいたい、というのである。

翌日、営業担当の四名が昼休みに自主的に会議を開き、売上げ目標を七〇〇万円にきめ、各人のノルマをきめ、以後毎週一回昼休み中に営業会議を開くという。勤務時間中に会議を開くのは、活動の時間が少なくなるから、もったいないというのである。

この計画を社長に提出して、社長をびっくりさせた。社長の目標は六五〇万円であったからである。

営業では、受注して社内でこなせない分は外注するというのである。従来は受注してもこなせないからと、積極的な営業活動はしないという態度だったのが、このように変わってしまったのである。

現場では、手のあいたものが他人の仕事を喜んで手伝うようになった。ある日、ネジ転造盤の係の工員が欠勤した。こうしたばあいに、従来は機械を休止させるか、かわりの者が作業をしても、生産量は大幅に減少するのがつねであった。ところが、今度はちがう。代員が作業して、生産量をほとんど落とさずにやってのけてしまったのである。

この制度を採用して二週間すぎた二月半ばから、かねての懸案であった工場建物の建てかえがはじまった。

従来の工場はしもた屋を改造したもので、仕切りや柱が多く、しかも老朽しているので、これをとりこわして、その位置に建てかえるのである。

かわりの作業場とてなく、といって操業をとめるわけにもいかない。お得意に迷惑がかかるし、会社の収益にもひびくからである。工場建物の建築と、生産作業が同時に同じ場所で行われたのである。建物をとりこわされた工場は野天になった。寒風にふかれながらの作業である。工事のじゃまになる機械はとりのけられ、基礎穴が十数個所も掘られ、取りのけられた機械は、すぐ仮配線で作業が開始される。その横にはコンクリート・ミキサーがガラガラ回り、作業者の頭上には溶接の火の粉がふってくる。

床の上は、建築資材とネジの材料や仕掛品との同居で足のふみ場もない。どんなに苦心しても、常時三台や五台の機械は休止状態である。

雨天になれば、機械や材料にシートをかけて作業を休まなければならない。それだけでなく、建築のほうも同時に休止となって、それだけ建築期間がのびることになる。皮肉なことに、工事中に雨が多かったのである。

こうした非常事態が二カ月間つづいた。従業員はこうした状態のなかで、りっぱに作業をやりぬいた。ケガもふえなかった。ふつう、このような状態のなかで作業を強行すれば、不平は続出する。欠勤は多くなる。不良品やケガも増加するのに、そうしたことはほとんどなかったのである。

けれども、もっと驚くべきことは、このような悪条件下で、生産は下がるどころか、上がりつづけたのである。どうしても突破できなかった売上げ六〇〇万円のカベが、こうした状態のもとで破られたのだ。

五・六・七の三カ月間は、配置転換や新規受注品の品質上のトラブルなどがあって業績が下がったが、これをのりこえて八月以降は月商七〇〇万を確実にこえた。このころから、昨年の実

表 18

月	①売上高	②比例費 材料費	外注費	消耗工具	計	③=①−② 付加価値高	従業員数	付加価値高一人当り
昭38.12	千円 4,690	千円 718	千円 1,904	千円 130	千円 2,752	千円 1,938	人 32	千円 61
昭39. 1	5,320	561	1,758	152	2,471	2,849	〃	89
2	5,898	335	2,246	151	2,732	3,166	31	102
3	6,639	184	3,125	153	3,462	3,177	34	93
4	7,043	199	4,098	141	4,438	2,605	〃	78
5	6,194	273	4,778	134	5,185	1,009	〃	30
6	6,872	725	3,975	130	4,830	2,042	〃	60
7	4,615	107	2,872	134	3,113	1,502	〃	45
8	7,119	347	3,059	174	3,542	3,576	33	108
9	8,503	562	3,300	143	4,005	4,498	〃	136
10	7,899	603	3,720	190	4,513	3,385	〃	102
11	7,128	456	3,695	206	4,358	2,769	〃	84

注：昭和39年2月より成果配分を実施

績の二倍をこえる生産高をあげる従業員がでてきた。これに刺激されて、大幅に自分の記録を更新するものがしだいに増加し、従業員の間に記録競争が行われだしたのである。

この間の消息を〈表18〉によってながめてみよう。

この表をみると、外注費の増加が大きいが、これは、社内に設備のない、ヘッダー加工品を、営業活動によって受注するという商社的性格が加わったからである。これを間接部門の人員は一人も増加せずにやってのけているのであるからりっぱである。

月々の生産奨励金は、従来の

月当り総額一五万円平均が二五万円平均とはね上がり、ボーナスは七月に約二カ月分、年末には三カ月分となったのである。

こうなってくると、人間関係の細かいテクニックや、勤労意欲向上策はいっさい不要になってしまったのである。

以前は、社長がひんぱんに現場に顔をだしたが、このごろは、あまり顔をださない。従業員が自覚して働いているので、顔をだして督励する必要がないというのである。

社長は、「一年前にはとても考えられなかったことだ、前途が明るくなった」と、いつわらぬ心境を語っている。

そして、昭和四〇年度の売上げ目標を年間一億円とし、すでに受注の見通しはたっているという。あとは、これをどうこなしていくか、であるというのだ。そのために、

1　新鋭設備の導入をはかる

業績の上がらなかったときには尻ごみしていた、新鋭機の購入をする(すでに数台を発注している)。

2　品質の向上をはかる

一年前に約一〇%あった不良品が、現在は五%程度になっている。これを三%以下に引下げる。

3　個人評価を実施する

従来はグループ評価だけであったが、優秀な業績をあげる者が増加してきたので、これ

を評価し報いる。反対に不良従業員は断乎として淘汰する。というような方針をうちだしているのである。これが、昭和三九年という大不況のまっただ中でのK製作所の姿なのである。

K製作所を、このように変えてしまったラッカー・プランとは、どのようなものであり、なぜ従業員の勤労意欲をもりたてたのかを、つぎに述べてみよう。

9・2 動けども働かず

従業員が思うように働いてくれないというのは、多くの会社の社長の大きな悩みである。なんとかして働いてもらいたいと、いろいろな手をうつ。精神訓話をし、表彰制度をつくり、作業環境を改善し、提案制度をもうけ、各種講習会に出席させてみる。しかし、それらのものが、どれだけの効果があるのか。それともないのか、サッパリわからない。

中・高年層の時間かせぎの残業は常態化して、賃金の一部のようになってしまっている。仕事量が減っても、その割りに残業は減らない。

反対に、若手層は残業をきらい、急ぎの納期の仕事に支障をきたす。注意すれば休んだり、やめたりする。ハレモノ扱いである。

提案制度も、はじめのうちは、わずかばかりの効果があったが、たちまちのうちに熱がさめて有名無実化していく。

いくら声を大にして品質向上をさけんでも、なかなか不良率は下がらない。職場の責任者に気合をかければ、熟練者の不足、作業量の過大、設備の老朽を理由にあげて反撃してくる。材料や消耗品は、あたかもそれがロハで手にはいるがごときむだ使いをして平気である。中・下級幹部は、人員不足を伝家の宝刀としてふりまわすが、積極的な合理化にはさっぱり熱意を示さない。間接部門の人員はいつのまにか膨張して、余分な人件費と経費をくっていく。経費節約をとけば、ケチだと陰口をきくだけで、本気で節約しようとはしない。ホトホト困りぬいている、というのが経営者の立場なのである。

このような状態を、もっともらしい人間関係論や、観念的な組織や責任権限論で改善しようとかかっても、絶対に解決しない。職務給や職能給を導入しても効果はない。問題はぜんぜん別のところにあるからなのだ。

従業員が働かないのは、働いても、それがほんとうに自分のためになるかどうか、わからないからなのだ。

「人は自分のために働いている」（本田宗一郎）のだ。自分のためになるか、ならぬか、わからないのに働くわけがない。これがただ一つの原因なのだ。

賃上げ闘争は、自分のためになると思うから、団結してがんばるのだ。

自分のためになること、それを最も端的に示すものは賃金である。とするならば、〝働いたらそれだけのことがある〟ような賃金を制度として制定し、しかもこれで〝会社がやっていける〟

ようなものにすればいいわけである。それが成果配分方式としての、ラッカー・プランなのである。

前項の例のK製作所の従業員がはりきったのは、〝自分のためになる〟とハッキリと認識したからなのである。

ラッカー・プランの説明にはいるまえに、というよりは、ラッカー・プランの考え方を、よりハッキリさせるために、従来の賃金に対する考え方の罪悪を考えてみよう。

9・3 伝統的な賃金論は労使抗争を激化させる

賃金はつねに労使抗争の焦点になっている。総評は、「春闘」を年中行事と心得て、これを行わないうちは花見をしないことにしている。ボーナス闘争に弱い労組幹部は、次期落選確実である。

賃金は企業体にとっては「費用」である。であるから、「安定・刺激・節約」の三原則が守られなければならない、という〝迷論〟にしたがって経営者は賃金を安く抑えようとする。

こんな自分かってな言いぶんがあるだろうか、完全に会社側の一方的見解である。たしかに企業体にとっては費用であっても、働く人々にとっては〝生活の原資〟なのだ。低く抑えられてはたまったものではない。

この費用と生活の原資という、賃金の二面性が真向から対立し、それぞれの立場からこれを守るために、激烈、深刻な闘争が展開されるのである。

さらに、代表的な賃金論の考え方をみよう。

1　限界生産力説

「賃金は労働の価格である、であるから、需要と供給との関係によって変動する。」というのだ。賃金はほんとうに〝労働の価格〟なのであろうか。そうではないのだ。これは次項で説明することとして、この考え方は、必ず使うものと使われるものの、どちらかが不利になるという結論になる。

2　労働価値説

「賃金は労働力そのものの価値である。であるから、賃金は労働再生産のための生活給をもとにすべきである。」というのだ。愚論である。生活費の見積りでケンカがはじまることはまちがいない。そのうえ、労働者は、労働力を温存するために、多くもらって少なく働こうとするにきまっている。

3　剰余価値説

「賃金は労働の価格である。ゆえに、需要と供給との関係によって変動する。資本が蓄積されると、資本家はこれを設備に投資する。そうすると、労働が機械におきかえられて労働の需要が減退し、需要と供給との関係で賃金が切下げられる。賃金が切下げられるから、資本家はますますもうかり、このもうけを設備に投資してますます賃金は切下げられる。という循環により、労働を搾取する。そのゆきつく先は、資本主義の崩壊である。」

というのだ。この説は、機械におきかえられる労働力が、必ず労働需要量の増加より大きいという前提がなければ成立しない。現実はまさにこの逆である。この考え方が労使抗争を激化させることは、なによりも事実がこれを証明している。

以上三つの賃金論や、前にあげた賃金の三原則から導かれる結論はなんであろうか。それは、

労使の利害はつねに相反する

ということなのだ。

もし、ほんとうにそうなら、なんと悲しいことではないか。同じカマのメシを食う者どうしが、相争わなければならない宿命を負っているというのだ。

しかし、労使の抗争は宿命なのだろうか。絶対に両立しないものなのだろうか、なんとか両立させる方法をみつけだすことは、できないものだろうか、と考える人は知恵者である。

そして、この知恵者は、その考え方と方法を見つけだしたのである。その人の名を、アレン・W・ラッカーという。

9・4 賃金論の革命……ラッカー・プラン

賃金は労働の価格である、という考え方はまちがっている。人は労働に対して金を払っているのではない。販売の基本的な考え方に、「人は商品に対して金を払っているのではない」というのがある。金は商品に対してではなく、商品のもっている機能(はたらき)に対して金を払っているのだ。自動車を買うのではなくて、自動車のもっているスピード、労力節減、快適さ、エリートの象徴というような〝はたらき〟を買っているというのだ。

労働もこの考え方と同様に、労働のもっている〝はたらき〟に対して賃金が支払われるのである。このことをハッキリと認識しないと、賃金論がまったくあらぬ方向に進んでしまうのである。

ではいったい、労働のもっている〝はたらき〟とはなんであろうか。それは、

付加価値を生みだす

ということなのである。

それならば、付加価値と賃金とは、どのような関係にあるのか。ということが当然考えられるのである。この関係をあきらかにしたのがラッカーなのである。

ラッカーは、一八九九～一九二九年の三〇年間にわたる、アメリカの工業統計を三年を費や

表 19　ラッカー生産分配法則の実証(1914〜1957年：アメリカ工業統計による)

単位10億ドル

年次	生産価値	総賃金	賃金分配率
1914	9,386	3,782	40.29(%)
1919	23,842	9,664	40.53
1921	17,253	7,451	43.19
1923	24,569	10,149	41.31
1925	25,668	9,980	38.88
1927	26,325	10,099	38.36
1929	28,719	10,885	37.90
1931	17,462	6,689	38.31
1933	13,150	4,940	37.57
1935	18,553	7,311	39.41
1937	25,177	10,113	40.17
1939	24,484	8,999	36.75
1947	76,175	30,242	39.70

1914年〜1947年　平均分配率　39.395%
標準偏差　±1.663%
相関係数　0.996

年次	生産価値	総賃金	賃金分配率
1949	75,367	30,254	40.14
1950	90,071	34,600	38.41
1951	104,810	40,655	38.79
1952	109,354	43,764	40.02
1953	123,530	48,979	39.65
1954	113,612	44,631	39.28
1955	133,210	53,120	39.88
1956	143,710	55,070	39.02
1957	145,990	57,242	39.21

注：1941〜1945年は第二次世界大戦(マネジメント誌　Vol.20 No.4, 1961 p.10より)

して調べた結果、

「企業の支払う賃金総額は、生産価値（付加価値のこと）に正比例して変動する。それは、生産高とも、純利益とも、総販売価格とも、いずれにも一定の関係をもって変動していない。」

ということを発見したのである。その後の調査でも、この関係は変わっていない（〈表19〉参照）。

これはまことに不思議な数字である。この間の大きな経済発展、物価の上昇、技術の大進歩、ぼう大な設備投資などがあった二つの世界大戦も含まれている。一九二九年の世界的大恐慌も含まれている。第三の革命といわれるオートメーションも急速に進んでいる。にもかかわらず、この率は一定である。

これは、アメリカだけの話ではない。世界のあらゆる国の、どのような業種、業態、規模であっても、それぞれの分配率はちがうが、付加価値に正比例する、という事実は厳として存在しているのである。わが国もむろん例外ではない（〈表20〉～〈表22〉参照）。

筆者も職業がら、多くの会社の賃金率を調べるが、この法則は厳として存在している。ただ、個々の会社のばあいには、標準偏差が三％程度になることはある。

だれも、こんなことは考えていない。会社側はたえず賃金を低く抑えようとし、労働者は一円でも多くくえようとして血みどろの闘争をくり返しているのである。それでも、この率を変えることはできないのである。

人間社会のあらゆる変化、あらゆる努力を超越して、この賃金率の法則は厳として存在するのである。

表 20　日銀統計（抜粋）

（生産付加価値は付加価値額を、労務費は人件費をそのまま用いた）

（単位百万円）

年度	製造業		機械製造業		電気機械器具製造業	
	x 生産付加価値	y 労務費	x 生産付加価値	y 労務費	x 生産付加価値	y 労務費
32／上	508,405	230,299	15,414	8,198	47,645	23,609
32／下	495,141	230,915	15,962	8,100	54,278	25,549
33／上	486,533	229,542	15,071	7,667	58,448	26,487
33／下	507,714	232,687	15,181	7,782	64,547	28,496
34／上	584,767	258,695	17,431	8,898	74,755	32,398
34／下	684,433	279,014	20,784	10,086	87,508	35,751
35／上	766,100	305,001	26,118	11,733	101,721	40,946
35／下	842,460	330,678	32,836	13,698	114,630	44,500
36／上	944,259	371,827	39,094	15,788	133,924	52,206
36／下	1,014,150	401,025	41,575	16,831	150,309	57,096
37／上	1,036,209	422,211	42,421	17,341	162,605	64,052
37／下	1,059,309	429,231	40,017	16,957	161,049	62,940
相関度	$r = 0.9935$		$r = 0.9980$		$r = 0.9982$	
回帰式（単位10億円）	$y = 0.3413x + 56.1$		$y = 03432x + 2.67$		$y = 0.3459x + 6.21$	
比例分配率の標準偏差	$\sigma = 0.01237$		$\sigma = 0.00679$		$\sigma = 0.00662$	

表 21　大蔵省の法人企業統計（抜粋）

付加価値 ＝（売上高 × 付加価値率）＋ 減価償却費
労務費 ＝ 従業員給料手当 ＋ 福利費

（単位億円）

年度	製造業		化学工業		鉄鋼業	
	x 生産付加価値	y 労務費	x 生産付加価値	y 労務費	x 生産付加価値	y 労務費
25	562.6	289.5				
26	907.6	356.6				
27	1,063.7	512.8				
28	1,349.6	630.2	160,528	72,912	107,534	63,102
29	1,667.8	755.3	175,570	82,910	133,566	76,972
30	1,708.9	786.8	205,642	89,928	138,158	80,860
31	2,017.9	908.5	275,797	119,204	189,281	92,528
32	2,811.8	1,227.6	313,988	139,495	312,757	135,105
33	2,851.5	1,314.2	307,932	136,996	242,643	127,726
34	3,255.7	1,434.0	376,266	154,996	285,587	143,256
35	4,379.9	1,922.4	485,758	186,928	425,119	185,465
36	4,976.7	2,057.4	554,259	214,884	531,236	228,802
相関度	r = 0.9974		r = 0.9995		r = 0.9934	
回帰式（単位10億円）	y = 0.4174x + 57.76		y = 0.3458x + 24.15		y = 0.3806x + 25.92	
比例分配率の標準偏差	σ = ±0.00947		σ = ±0.01266		σ = ±0.01658	

もうこうなれば、われわれはこの法則を「見えざる神の手」(アダム・スミス)としてすなおにこれにしたがうべきであろう。

そして、この法則をうまく利用して、われわれの生活を向上しようと決心することである。この決心をした瞬間から、事態は一八〇度転換してしまうのである。それは、労使の利害は完全一致するということになってしまうのだ。これこそ、われわれの探し求めていたものでなくて、なんであろうか。まさに賃金論の革命である。では、なぜそうなってしまうのであろうか。

〝付加価値を一定の割合で労使に分配する〟のであるから、労使とも、もはや分配に対する争いはする必要がない。そして労使とも、自分の有利になることは、付加価値そのものを大きくすることなのだ。付加価値を大きくすることが、労使ともに自分の利益ならば、利害は完全に一致するのである。

労使は手をたずさえ、ともに付加価値の増大に専念すればよいのだ。労使の協働と相互信頼の姿が、ここから生まれてくるのである。

従来の賃金闘争は、付加価値に対する分配率の争いである。その分配率は大きな目でみたばあいは、闘争くらいで変えられるものではないのだから、ムダであり、その原資である付加価値の増大――これが真に賃金を増大させるもの――を考えてもみない(いや、反対している労働組合がたくさんある)のだから、なんとアホらしいことではないか。

表 22　わが国におけるラッカー生産分配原理の適用状況

（全製造業総計、通産省工業統計表による）

（単位百万円）

年次	生産価値（粗付加価値）	現金給与総額	給与分配率 %
昭和26年	1,178,988	464,169	39.62（%）
27	1,300,008	557,195	42.86
28	1,686,402	667,322	39.57
29	1,895,895	745,415	39.32
30	2,098,597	791,982	37.74
31	2,543,668	940,424	36.97
32	2,952,220	1,120,174	37.94
33	3,174,836	1,171,366	36.89
	平　均		38.86%
		標準偏差	1.91%
		相関係数	0.997

賃金率の法則にしたがい、付加価値を基準とし分配率をきめるやり方を、ラッカー・プランというのである。日本式には「成果配分方式」といわれている。念のためにつけ加えておきたいのは、ラッカー・プランは〝利益配分〟ではなくて、〝付加価値分配〟であるということである。

さらに一言つけ加えておきたいことは、ラッカー・プランがいいからといって、不用意な導入は危険であるということである。自動車は便利だが、運転に注意しなければ事故をおこすのと同様である。ツボをおさえた調査、周到な準備、従業員へのPRなど、事前にやらなければならないことがたくさんある。専門家に相談したり、実施経験者の意見をきくなどして、万全を期すべきである。

9・5　付加価値増加の方策

ラッカー・プランのもとでは、もはや分配についての争いはなく、労使ともに一意専心、付加価値の増大につとめればよい。ではどうしたら付加価値を増すことができるか。それは、付加価値の計算式が教えてくれる。

売上げ－比例費＝付加価値

引き算であるから、引かれるもの（売上げ）を大きく、引くもの（比例費）を小さくすればよいわけである。つまり、

1　売上げを大きくするには

売上げは、〔単価〕×〔数量〕であるから、高く売ることがまず第一、そのためには品質の向上であり、慎重な価格交渉である。数量を大きくするには能率をあげることである。そのためには、新鋭設備の導入、作業改善、稼働率向上などである。

2　比例費を少なくするには

まず、比例費率の小さなもの、つまり付加価値率の大きな商品の開発または受注であり、つ

ぎに材料を安く買う、材料の歩留りを向上させる、廃材の利用などである。

このようにすれば、付加価値は大きくなる。その付加価値に対する一定率が賃金であるから、賃金の総額がきまってくる。

総額がきまっているから、「うまいものは少人数で食え」というわけで、少数精鋭主義が生まれ、なるべく短時間の仕事で多くの付加価値をあげようとするから、作業密度が高くなって残業が減る。創意くふうは従業員が自発的に行う。提案制度などなくてもいい。

従業員が、以上のようなことをみずからの意志で行うようになるのだ。それが、〝自分のためになる〟ということを認識しているからである。いままでの、いかなる奨励金制度でも、それは、たんに売上げを増加したとか、生産量を増したとかを対象としたものである。しかも、販売員とか、工員とかのみの成績だけの評価にすぎない。

いい仕事をみつけてきた、材料を安く買った、歩留りを向上した、というような功績が賃金にはねかえってこないのである。生産量を上げさえすれば奨励金がつく、となると、材料はムダに使い、工具や消耗品をやたらに使う。これでは、なんにもならないので、材料の統制をしようとすると、こんどは管理の手間がたいへんであるというのが、従来のやり方である。

従来の奨励金の算定方式にしたところで、その基準に真に従業員を納得させるものはないといっていい。

というように、支離滅裂なのが従来の奨励金である。だから、いつも問題がおこり、効果はそれほどあがらないのである。

ラッカー・プランなら、そうした問題はいっさいおこらず、従業員全員の活動の一つ一つが賃金にはね返り、これが会社の業績を上げていく。だから従業員がハッスルするのである。くり返していうが、人は自分のために働いているのだ。

9・6 業績測定から目標設定へ

ラッカー・プランは、たんに、すばらしい賃金制度であるだけではない。じつは、経営的に大きな役割を果たしているのである。

同じく、ラッカー・プランを導入しているT製作所を例にとろう。……

同製作所は、ラッカー・プランを導入したとたんに生産が上がりだし、二カ月目から従来の毎日二時間残業を一時間残業にすることができた。残業を減らしても、付加価値さえ上がればいいのであるから、従業員は喜んで協力した。そして六カ月後のボーナスは、従来の一カ月が一カ月半となったのである。そして、つぎの期は二カ月分のボーナスを目標にしているのである。工場内の空気はガラリと変わり、明朗な職場となって、欠勤が目にみえて減ってきているのである。

同社の専務はつぎのように語っている。

「ラッカー・プランの直接の効果とは別に、毎月会社の業績が手早く、しかも確実につかめるので、安心して経営ができる。以前は忙しさにまぎれて、毎月の業績をみることはなかなかできなかったし、みようとしても、すぐにデータがでなかったのである。気がついてみたら大きな穴があいていた、という苦い経験があるので、なおのことラッカー・プランのありがたさが身にしみて感じられる」

というのである。

同社では、月々生産奨励金をだしているので、業績があがらないと生産奨励金が少なくなるので、すぐ、「原因は何か」を検討する習慣が自然に身についてしまったのである。専務は、当面の目標であるボーナス二カ月分を達成するという意味だけでなく、将来の飛躍にそなえて新鋭機の計画的導入を検討しているのである。そして新しく、もう一歩高水準の技術と精度を要する仕事に取り組むというのである。

K製作所といい、T製作所といい、従来は、業績の評価を毎月することなど思いもおよばず、売上げがただ一つの業績の尺度だったのである。それを、いまは損益分岐点の付加価値はいくらかをハッキリと知っており、月々これと比較することが可能になったのである。

業績がハッキリとし、しかもこれが上昇線をたどっていることがわかると、意欲がわいてくるのである。

いままでは、「こうなればいいがなあ」程度のことしか考えられなかったのが、こんどはちがう。具体的な目標をハッキリときめて、経営にあたることになってきたのである。K製作所は年商一億円を目標とし、T製作所はボーナス二カ月分である。

「目標なくして経営なし」とは前にも述べた。しかし、小企業のばあいには、いうべくして、じっさいには具体的な目標はなかなかたてられないものであり、たてても空念仏に終わることが多いのである。これが成長できない原因であるのだ。

ところが、ラッカー・プランを導入し、これが軌道にのってくると、意欲がわいて目標を設定するようになる。しかも具体的にきめることができるし、従業員が絶対に協力するのである。

会社というものは、何かのキッカケで業績が向上しだすと、うつ手がつぎからつぎへと好結果を生むという好循環がはじまるものである。このキッカケをつかむのに、ラッカー・プランは最もすぐれたものの一つであろう。

9・7 むすび

ラッカー・プランの最大の強味は、深く人間性に根ざしていることである。人間の労働を賃金というような、原価要素の一つとして考えてきた従来の賃金論とは根本的にちがうのである。

創始者であるラッカーのことばに、このことが端的に表現されている。それは、

「報酬というものは、人間関係の道徳的・倫理的法則から経済的裏づけがなされなければならない。すなわち、人間は自分たちの共同努力の成果に比例して報酬を保証してくれる一貫性のある持続的刺激をもたなければならない」

というのである。これこそ、人間管理の基本である。経済的基盤を無視した人間関係論はむなしい。

わが国でも、このすぐれた賃金制度がしだいに広まってきている。企業の規模の大小、業種業態を問わず、給与制度のいかんを問わず、たいていの会社には導入することができる。

わが国の中小企業にはムリである、という意見も一理はある。けれども、筆者は自分の経験や同志の体験談などから、中小企業でもりっぱに導入できるという確信をもっている。

会社の規模の大小や業種業態よりも、決定的な要因となるものは、経営者の誠意と決意である。つぎには導入にあたっての周到な準備である。これらさえあれば、だいじょうぶである。

企業は人であり、働く人々の意志である。人間尊重を基本理念とし、働く人々の働く目的を達してやるために、ラッカー・プランは大きな力を発揮する。

ラッカー・プランのもとに、労使一体となって生産性向上に励むことこそ、従業員の幸福を増進し、企業を発展に導き、ひいては広く社会への貢献を実現するものである。

父、一倉定を想う

柴田敏子（長女）

昭和三〇年代、まだスーパーマーケットなどなくて、裸電球の八百屋さんや魚屋さんに、赤い買い物かごをさげた父と小学生だった私は時々買い物に行きました。

年の暮れになると、白菜の漬物を樽いっぱいに漬け込みました。

父に教えてもらった、ニンニクや赤唐辛子の沢山入った漬物は、今でも私の自慢の一品です。

お正月の買い出しはずっと父の仕事で、両手にいっぱい袋をさげて帰ってきました。

伊達巻の好きな私にこっそりと一本余分に買ってきて、嬉しそうに笑ってくれました。

あの頃は苦学生が家に雑貨を売りに来たりしました。

父は必要ないものまで買って「頑張りなさい」の言葉を添えて、余分に代金を渡していました。

でも、厳しくて怖かったです。机の上を片付けないで寝ると夜中に起こされ、庭に放り出された教科書を裸足で拾いに行きました。

大きな声で怒鳴られました。

それでも不器用な父は、私達が喜ぶ顔を見るのが大好きでした。やっぱり優しい人でした。赤い羽根募金の時などは胸にいっぱい羽根をつけて帰ってきました。ひとつの募金箱に入れるのではなく、一人一人の方に声をかけて募金していたようです。いつも沢山の所に寄付していました。

実家にある感謝状を眺めていると、「出来る人が出来る事をすればいいんだよ」、そう言って笑っていた父を誇らしく思ったりしました。

父の厳しさ、怖さを痛いほど知っている社長皆様が、父の目前で「鬼倉」「凡倉」と平然と話をされるのは、きっと時折見せる笑顔の内の父の想いを分かっていらっしゃったのでしょう。

今、走馬灯のように父の事を思い出すと、まるで〝春の嵐〟のような人でした。

ある会社の経営計画発表会で社長様が、「我が社の発展は先生のお力です」と話された時、父はこう言っていました。「私の力ではなく、皆さんの力です。もし私の力と言ってくださるのならば、〇・〇一%くらいでしょう」。

復刻に寄せて

一倉健二（次男）

忘れてはいけないことが、たくさんあって…
忘れられないことが、たくさんあって…
忘れたいことが、たくさんあって…

本書復刻にあたり、思うこと、徒然なるままに認めます。

父は常に常に、考えていた。同じ屋根の下に居ても別の世界に居た。

恐ろしい程の緊張感を漂わせていたので声もかけられない。或る時は檻の中の熊のように部屋の中を行ったり来たり、ブツブツブツ…自宅以外でもそうであったと想像するに容易である。コンサルティングを依頼された赤字会社、その経営者の性格、黒字への画策、社長の性格に合った指導とは…時には赤字会社を同時期に五、六社抱えていた。

赤字と知らされると、ジッとして居られない。多忙の中でもスケジュールを入れていく。休日予定の日に…そして父の休日が減ってゆく。結果、指導社が増えてゆく。

父の指導社数は通説で五千社が通り相場となっているが、この数に、異義と言う人がいたので、チョッと調べてみた。あくまで推測も含めて、その数は、一万社前後になった。今後、父を語る方には、「指導社数…一万社」としていただきたい。

赤字会社の中には、無償で指導し、出世払いということで。そして黒字になった時、社長は父を食事会に招くことで出世払い…事実上、無償、と父はニコニコと話していた。

社長の考え違い、怠慢を正す為に烈火の如く叱咤し、口汚く罵り、ある時は無言の指導を行う。社長の姿勢、考え方が変わり、黒字の兆しが見えてくると「あなたの会社はもう大丈夫、このまま続けなさい」と指導を終了、新たな赤字会社に目を向ける。

N社長曰く、

先生に指導のために来社してもらったが、この部屋（社長室）で、先生は、口を利いてくれなかった。檻の中の熊のように行ったり来たりしていた。長い沈黙はこたえた。時には、机の足を蹴とばし、机を叩き、チョークを黒板に投げつける。女子社員がお茶の追加を持ってくると、父は、その時は態度を和らげ、ニコニコ、「御苦労様」。そして又、沈黙の指導。

注――このN社は環境整備が行き渡っていて、業界でも優良企業であった。N社長への、父の無言の指導は、互いに理解していたので成立。大人の男のやり取り、私は背中に何か走るものを感じた。

一倉ならず、「鬼倉」。これは自称である。前橋市の菩提寺の墓誌に、私の母が石材店に頼み、父の名の横に刻んだ文字は「経営計画・顧客第一・環境整備」である。

経営計画書について、Y社長談。

Y社長が経営計画書の下書きを父にチェックしてもらった時、父はその原稿を見て、顔から血の気が引いていった。その場で原稿をクシャクシャにし、投げ捨て、更に、Y社長の顔にマジックペンで「×印」を書いて、追い払う。Y社長は、洗面所で×印を消してからクシャクシャの原稿のシワを伸ばし、改めて読み直し、「あっ、こういう事か」と納得、「文章が全て、命令調、社員への作業指導書となっていた」。これでは、一倉先生に叱られる訳だ。

注――経営計画書は大事な我が社を育てる社長の姿勢、我が子を育てる育児計画と同様である。作業指示・命令書ではない。父はそう言っていた。

この経営計画書の体裁にも具体的な指導をしていた。

・サイズは必ずA4版
・ページ数は二〇ページまで
・誰でも分かりやすい文章
・豪華な製本をすること

K社長への指導。

ある時、父が私に言った。「今、焼肉店の指導をしているが、只一つ『雑巾で店内を拭きよくれ』。これだけで黒字になった」。その時、私には意味が分からなかったが、後日、その社長から事の顛末を聞き、壮絶なやり取りのあった事を知った。

K社長は赤字立て直しのため、立派な経営計画をしたくて父に指導依頼。父は焼肉店の欠陥を即座に見抜き、環境整備に重点を絞り指導した。父の指導は主に焼肉店の丁見（当時十六店舗を展開）。その一軒一軒の観察時、真新しい軍手と爪楊枝を準備させて、爪楊枝は窓枠、ガラスの隅の汚れを確認、汚れた軍手と共に爪楊枝の先の汚れを社長に見せ、「おまえの店はこんなに汚い。こんな所でお客様に食事をさせているのか！」

とてもコンサルタントと思えない指導、焼肉店の社長も謙虚に受けとめる。K社長は父の指導を受ける時、車（自家用車）で父の自宅まで迎えに来たが、厳しい指導の為、父の自宅近くの喫茶店に寄り、三〇分程気持ちを整えてから、いつも来ていた。

一日の指導を終え、父を川崎の自宅まで送る。その車中、二時間程、父は一言も口を利かない。そして時々、ドンと強く、車の床を踏みつける。K社長の自動車の床が抜ける。ここでも無言の指導をしていた。

父を送ったK社長は、すぐに帰途につけず、例の喫茶店で、気持ちを整えてから帰った。いつになったら、立派な経営計画の指導をしてくれるのか。ある日、店舗で父はレジ脇の汚れた金属製のゴミ箱を手に取り、力いっぱい床に投げつけた。ガチャガチャガラーン、大きな音。これに驚き、幹部社員が飛び出してきた。

環境整備の不備を指摘、K社長を罵倒、社員の目の前で…。その日、K社長が夜十時頃帰宅。すると、幹部社員が四人正座して待っていた。「今日はK社長に大変恥をかかせてしまった、申し訳ありません」。これを機に、K社は黒字に方向転換する。

環境整備指導の一つに、父は棚に並べてあるビールジョッキを取り出し、水道で水をかけた。ジョッキの水の切れ方に斑が現れた。油による汚れ。

「こんな汚れたジョッキでお客様にビールを提供しているのか！」。ジョッキは洗っているのにどうしよう。収納場所を考え、密閉空間、冷凍庫に保管。そして、これを機にキンキンに冷えたジョッキでビールを提供する新サービスが出来た。これは、K社長が始めた。

ある時、一つの店舗で、テーブルの回転率を計算すると、十二回転。信じられない。不可能と思われる数字が出た。K社長も社員も誰も信じられない、しかし現実。更にK社長はアンケート調査(アンケート手紙)を店の出入口に置いておき、直接社長室に届くようにしていた。(父の指導。アンケートは直接社長に届くようにしなさい。店長の目に触れると、都合の悪いアンケートは破棄される)。

これを、三つに分ける。お褒め、感謝、お叱り、このお叱りの中に我が社成長の鍵があるため、このお叱りの手紙を読む事が楽しみであるK社長。

指導は具体性の強いものが良い、反対にアカデミックな観念論は大嫌い。

その一つに環境整備がある。作業場によく貼ってある標語、「安全第一」「整理・整頓」「清浄・

清潔」などは上司、大抵は社長が社員、部下に求めているものだ。こんなものは、社長室に貼っておくものだ。「整理・整頓」のお題目では、行動の基準がない。

具体的に「物の置き場所と置き方を決める。使った物は元に戻す」「道具・工具はいつでも使えるようにピカピカに磨いて修理しておく」「床（机も同様）は、週刊誌見開き分と三〇分かけて綺麗にする」。この時、大切な事は、就業時間内に行うこと。就業時間外ではサービス残業になってしまう。

S社長「毎朝三〇分では現状維持が精いっぱいなので四五分にしている」「不要なものは捨てる。必要なものは捨てない」。このような環境整備を行った社長は必ず、「作業効率が上がった、ケガをしなくなった」と言っている。

経営計画作成ゼミ。

このゼミは、海外・北海道・箱根など色々な開催地があったが、主催地は、父が強く想いを込めていた沖縄だった。他人から「政治に携わる気はないか」との問いに、「政治家になる気はないが、沖縄の知事ならば考えるところはある」。沖縄が大好きだった。

ゼミへの新規参加には二つの資格が必要で、その一つは、父の年八回、すべて異なるタイトルの講義を全部聴講している事。もう一つは、経営に決定権を持っている事。

ゼミは八日間で参加者は七五人。このうち二五人が新規参加の経営者（新入生と言っていた）。他五〇人は参加二度目以上の経営者（卒業生と言っていた）。ゼミ講義は新入生へのカリキュラムだが、卒業生も自由参加ＯＫ。新入生は決められた時間内は、ほとんど缶詰状態だが卒業生は自由奔放、このギャップは新入生には刺激となり、発奮材料になった。「今回は缶詰状態だが、次回は、自由奔放にやりたい」。

自由奔放といっても遊び回ることではなく、この期間中に経営計画を作成する、又、他の社長に考え方の指導を受けたり、常に成長の機会として、自然と利用していた。

ゼミの参加者は三三五五、全国から集まってくる。この時は、一部の卒業生は、集合日の一、二日前に沖縄入り、那覇空港に降り立ち、タクシーで会場へ行く。この所要時間四〇分で、料金五千円程になる。沖縄ではタクシーの売上げは一日で一万五千円平均なので、大変な売上げになったという。

運転手は「又、ゼミが始まる」と仲間に連絡し、普段は会場の空っぽのモータープールは会期中、満杯になっていた。自由奔放なある卒業生は、朝から観光でタクシーを利用し、それも終日貸切りなので、タクシーは大きな売上げとなる。この会場ホテルは中日ドラゴンズもキャンプで利用していたが、それ以上にこのゼミは喜ばれていた。

さて、ゼミの開始は、父の基調講演から始まる。

印象的な言葉がある。新入生に向かって「本日、皆さんは、初めて会う社長さん達に、慎重な面持ちで名刺交換をしていますが、このゼミ終了時は、お互い肩を組み合って『よう、貴様、おまえ』と呼び合えるよう仲良くなってもらいたい」。このような思いの中、父は、ゼミに様々な、巧妙な手段を使っていた。

資金運用計画(A4版の用紙一枚にたった二九項目の数字)をもとに期末のバランスシートを作る転記作成のやり方は教えなかった。この作成を銀行員は不可能と断言する。だが父は日の前でやってのけた。新入生と卒業生の交流も自由だが、父の意図を知っている卒業生も、あえて教えなかった。期末バランスシートの作成に、新入生は、非常に悩み、苦労する事で社長が成長する事を父は知っていた。会場は会議室で二四時間使用可能なので、夜遅くまで使われていた。皆、真剣な様子はよく分かった。

カリキュラム終了と共に新入生の有志が必ず、「今回の同期で一倉会を作りたい。ついては、会の名称は…」と呼びかけ、又一つ一倉会が増える。

ゼミの最後に、簡単な宴会の終わりに、参加者全員が肩を組み、円陣をつくり、唄う歌があった。「同期の桜」のチョッと替え歌。「貴様と俺は同期の桜、同じ一倉の庭に咲く…」。

新入生は、ゼミを成し遂げた達成感と、この歌の哀愁深いメロディーと新たな仲間が出来た事を思い、涙する光景もあった。合唱が終わると円陣の隣同士がハイタッチ、そのまま手を握り二人アーチを作る。全員が二人アーチをつくり、アーチのトンネルを作る。そして父が、あの鬼倉が満面の笑みを浮かべ、トンネルを通り抜ける。そして「万歳、万歳」。そして拍手。参加者は全国へと帰って行く。ゼミ終了。

一カ月後、新入生同志の再会の機会が東京で作られていた。

その時の父の言葉。「皆さんは孤独でしょう。誰にも相談できない事があるでしょう。そんな時、私を利用、相談してください。いつまでも皆さんの傍に居たいので…」。

一倉定（いちくら・さだむ）

1918（大正7）年、群馬県生まれ。36年、旧制前橋中学校（現在の前橋高校）を卒業後、中島飛行機、日本能率協会などを経て、63年、経営コンサルタントとして独立。「社長の教祖」「日本のドラッカー」と呼ばれ、多くの経営者が支持した。指導した会社は大中小1万社近くに及ぶ。1999年逝去

マネジメントへの挑戦【復刻版】

2020年6月29日　初版第1刷発行
2023年4月12日　　　第8刷発行

著　者	一倉 定
発行者	北方 雅人
発　行	株式会社日経BP
発　売	株式会社日経BPマーケティング 〒105-8308 東京都港区虎ノ門4-3-12
装丁・本文DTP	エステム
印刷・製本	図書印刷株式会社

本書籍に関するお問い合わせ、ご連絡は下記にて承ります。
https://nkbp.jp/booksQA

ISBN978-4-296-10677-6